普通本科学校创业教育示范教材
《创业基础》配套用书

U0646417

创业基础 教学手册

李家华　谢　强　编著

CHUANGYE
JICHU

北京师范大学出版集团
BEIJING NORMAL UNIVERSITY PUBLISHING GROUP
北京师范大学出版社

图书在版编目（CIP）数据

创业基础教学手册／李家华，谢强编著 .—北京：北京
师范大学出版社，2014.5（2021.1重印）
ISBN 978−7−303−17380−8

I．①创⋯　II．①李⋯②谢⋯　III．①大学生−职业
选择−高等学校−教学参考资料　IV．① G647.38

中国版本图书馆 CIP 数据核字（2013）第 299970 号

营 销 中 心 电 话　010−58802181 58805532
北师大出版社高等教育分社网　http://gaojiao.bnup.com
电 子 信 箱　gaojiao@bnupg.com

CHUANGYE JICHU JIAOXUE SHOUCE

出版发行：北京师范大学出版社 www.bnup.com
　　　　　北京市西城区新街口外大街 12−3 号
　　　　　邮政编码：100088
印　　刷：北京京师印务有限公司
经　　销：全国新华书店
开　　本：170 mm × 230 mm
印　　张：14
字　　数：210 千字
版　　次：2014 年 5 月第 1 版
印　　次：2021 年 1 月第 3 次印刷
定　　价：29.80 元

策划编辑：马佩林　　　　责任编辑：马佩林　周　粟
美术编辑：纪　潇　　　　装帧设计：耿中虎
责任校对：李　菡　　　　责任印制：马　洁

前　　言

　　教育部高等教育司组织编写的我国首部普通本科学校创业教育示范教材《创业基础》出版以来，受到了许多老师和同学的关注，大家在给予积极支持和充分肯定的同时，也都为如何在教和学两方面使用好这本教材而有所期待。为此，我们斗胆再做尝试，编写一本辅助教学用书，提供一些教学建议给老师和同学们作为参考。

一、《创业基础》的学习意义

　　我们正处在一个创新驱动发展、创业焕发勃勃生机的时代。随着 21 世纪全球创业型经济迅速发展，创业在促进科技进步、推动经济发展、解决就业等方面的作用日益显现。创业者们努力创新，不断开办新企业，主动创造新岗位，推动着时代的发展和进步。我们不难看到：创业，引领了科学技术创新，塑造了当代商业繁荣；创业，为社会提供了琳琅满目的新产品和新服务，创造了数量众多的就业岗位；创业，激发了人们的创造潜能，展现了创业者的商业才华；创业，培育了宝贵的创业精神，增强了人们的社会责任感；创业，成为了经济增长的助推器、科技创新的加速器、就业岗位的扩容器。如今，创业活动得到了更多的理解和支持，创业知识逐步普及，创业研究不断深入，创业精神更是被演绎得生动无比，创业教育也理直气壮地走进了大学课堂，创业学习已成为了高等学校每个学生的必修课程。

　　作为人类社会的一种高级活动，创业有其特定的内在规律。从创业实践角度观察，犹如水蒸气集聚到一定程度就自然会下雨一样，创业同样是一个从零到一、从无到有、从弱到强的过程，需要一定程度的机会获取、资源整合和团队合作。从创业认知角度分析，人们的**创业活动会遵循一定的内在规律，由此形成相应的创业实践模式和创业知识体系，对这些创业实践模式和创业知识体系的理性分析和理论认知，构成了创业教育和创业学习的基础。**有人说世界是一个圆，每一个人都是一个圆心，教育是半径，半径越长，人拥有的世界就越广阔。① 同理，创业如同一个圆，创业者好比圆心，创业教育和创业学习是有效加长创业半径的重要途径，有助于更深入地理解和更有效地把握创业规律。

大学是培养创新创业人才的重要基地，大学生是创业的生力军。随着我国创业环境的改善，社会创业气氛的活跃，创业者素质能力的提升，新创企业数量的增加，大学生的创业意愿日见高涨，大学生创业行业更加广泛，大学生创业企业不断涌现。大学生创业不仅具有了统计学意义，即人们可以用有说服力的数据清楚描述由大学生创办企业所创造的商业价值；同时，**大学生创业更具有了教育学的意义，即学校和社会可以把创业知识、创业能力和创业精神等融入大学的学习领域，通过开展创业教育，推动创业学习，提高高等教育质量，更好地帮助大学生成长成才，实现职业生涯的更大发展。**

创业是创业者的自觉行为过程，同理，创业学习也应该是创业学习者主动获取知识和积累经验的过程，创业学习者以自己的原有知识和经验为基础，对新知识新经验进行获取，并借此形成适合自己的创业行为方式，并有可能在这一过程中发现、捕捉和创造出相应的创业机会。因此，**真正的创业其实是一个学习过程。**《中国大学生创业教育蓝皮书：大学生创业教育实践研究》的调查结果显示：中学阶段接受创业教育对大学生自我创业有明显帮助。"满意的创业教育课程""适合学生的创业教育模式""学校创业教育与专业教育的结合很紧密"，对已经开始创业的学生有很大的帮助。创业课程是否适合学生对选择创业实践有一定影响。积极参加创业课程和创业活动对大学生自主创业有显著帮助。了解学校的创业教育课程能显著提升自己对创业前景的自信，舒缓一定的迷惘。②

创业是一项高风险的商业活动，大学生创业存在诸多不确定性，面临许多障碍和风险，由此导致很高的失败率。《中国大学创新创业教育发展报告》分析认为：总结大学生创业失败的原因，可以看出，仅有创业的激情、优秀的创意及自己的团队是不够的。由于欠缺必要的管理经验、市场运作策划能力、正确

---

① 陶西平：《面对挑战的世界教育》，载《教育国际交流》，2013(1)。

② 参见侯慧君等：《中国大学创业教育蓝皮书：大学生创业教育实践研究》，北京，经济科学出版社，2011。

面对失败的心态，以及足够的资本支持，创业成功的可能性会大大降低。① 要解决大学生创业的问题，既需要从外部解决营造创业氛围和优化创业环境的问题，更需要从内部解决好大学生自身素质能力提高的教育问题。因此，迫切需要对所有的大学生进行系统的创业教育和创业训练，唤醒创业意识，提升创业素质，培育创业精神，锻炼创业能力，为大学生未来自主创业、灵活就业和职业发展做好准备。

作为一项促进创业教育的战略措施，2012年8月教育部下发了《普通本科学校创业教育教学基本要求（试行）》（以下简称《基本要求》）并明确指出：在高等学校开展创业教育，是服务国家加快转变经济发展方式、建设创新型国家和人力资源强国的战略举措，是深化高等教育教学改革、提高人才培养质量、促进大学生全面发展的重要途径，是落实以创业带动就业、促进高校毕业生充分就业的重要措施。② 按照通知要求，各高等学校要推动高等学校创业教育科学化、制度化、规范化建设，切实加强普通高等学校创业教育工作。《基本要求》从教学目标、教学原则、教学内容、教学设计、教学组织五个方面对推进教学工作进行了细化。

一是要求学校通过开展创业教育教学，使学生掌握创业的基础知识和基本理论，熟悉创业的基本流程和基本方法，了解创业的法律、法规和相关政策，激发学生的创业意识，提高学生的社会责任感、创新精神和创业能力，促进学生创业就业和全面发展。

二是要求学校要把创业教育融入人才培养体系，贯穿人才培养全过程，面向全体学生广泛、系统开展。

三是要着力引导学生正确理解创业与国家经济社会发展的关系，着力引导学生正确理解创业与职业生涯发展的关系，提高学生的社会责任感、创新精神和创业能力。

四是要结合学校办学定位、人才培养规模和办学特色，适应学生发展特别

---

① 参见曹胜利、雷家骕主编：《中国大学创新创业教育发展报告》，沈阳，万卷出版公司，2009。

② 参见教高厅〔2012〕4号：教育部办公厅关于印发《普通本科学校创业教育教学基本要求（试行）》的通知。

是学生创业需求，分类开展创业教育教学。

五是要结合专业，建立、健全创业教育与专业教育紧密结合的多样化教学体系，在专业教学中更加自觉地培养学生勇于创新、善于发现创业机会、敢于进行创业实践的能力。

六是要强化实践，加大实践教学比重，丰富实践教学内容，改进实践教学设计，激励学生创业实践，增强创业教育教学的开放性、互动性和实效性。

在创业教育教学内容方面，《基本要求》强调要以教授创业知识为基础，以锻炼创业能力为关键，以培养创业精神为核心。强调通过创业教育教学，使学生掌握开展创业活动所需要的基本知识，包括创业的基本概念、基本原理、基本方法和相关理论，涉及创业者、创业团队、创业机会、创业资源、创业计划、政策法规、新企业开办与管理，以及社会创业的理论和方法。通过创业教育教学，系统培养学生整合创业资源、设计创业计划以及创办和管理企业的综合素质，重点培养学生识别创业机会、防范创业风险、适时采取行动的创业能力。通过创业教育教学，培养学生善于思考、敏于发现、敢为人先的创新意识，挑战自我、承受挫折、坚持不懈的意志品质，遵纪守法、诚实守信、善于合作的职业操守，以及创造价值、服务国家、服务人民的社会责任感。强调要遵循教育教学规律和人才成长规律，以课堂教学为主渠道，以课外活动、社会实践为重要途径，充分利用现代信息技术，创新教育教学设计，努力提高创业教育教学质量和水平。课堂教学要倡导模块化、项目化和参与式教学，强化案例分析、小组讨论、角色扮演、头脑风暴等环节，实现从以知识传授为主向以能力培养为主的转变，从以教师为主向以学生为主的转变，从以讲授灌输为主向以体验参与为主的转变，调动学生学习的积极性、主动性和创造性。课外活动要充分整合校内教育资源，组织开展灵活多样的创业讲座、创业训练、创业模拟、创业大赛等活动。积极创造条件，支持学生创办并参加创业协会、创业俱乐部等社团活动。社会实践要充分利用校内外资源，依托校企联盟、科技园区、创业园区、创业项目孵化器、大学生校外实践基地和创业基地等，开展学习参观、市场调查、项目设计、成果转化、企业创办等创业实践活动。要把创业教育教学纳入学校改革发展规划，纳入学校人才培养体系，纳入学校教育教学评估指标，建立、健全领导体制和工作机制，制订专门教学计划，提供有力教学保障，确保取得实效。学校应创造条件，面向全体学生单独开设"创业基础”必修课。

为了实质性地推进高校创业教育教学工作，提高创业教育教学质量，教育部专门组织专家团队研发和制定了《“创业基础”教学大纲》，为高等学校开展创业教育教学提供了重要的支持，为高校学生参与创业学习提供了基础的平台，为面向全体学生单独开设“创业基础”必修课程提供了必要的条件。

二、《创业基础》的学习目标

开展创业教育需要创造性的课程设计，创业课程的性质和目标设定直接关系到创业教育和创业学习的预期效果能否实现，也关系到创业教育到底该如何开展以及相应的教学内容和教学设计等问题。在课程性质上，**教育部《“创业基础”教学大纲》明确规定：“创业基础”是面向全体高校学生开展创业教育的核心课程，纳入学校教学计划，不少于 32 学时、不低于 2 学分**。在课程目标上，通过“创业基础”课程教学，在教授创业知识、锻炼创业能力和培养创业精神等方面应达到：使学生掌握开展创业活动所需要的基本知识，认知创业的基本内涵和创业活动的特殊性，辩证地认识和分析创业者、创业机会、创业资源、创业计划和创业项目；使学生具备必要的创业能力，掌握创业资源整合与创业计划撰写的方法，熟悉新企业的开办与管理流程，提高创办和管理企业的综合素质和能力；使学生树立科学的创业观，主动适应国家经济社会发展和人的全面发展需求，正确理解创业与职业生涯发展的关系，自觉遵循创业规律，积极投身创业实践。

关于创业教育的定义，人们经历了不同的认知阶段。许多人最初把创业教育狭义地理解为是为了培养“开公司的人”，甚至把学生在校期间能否创建新企业作为创业教育绩效的最重要指标。然而，随着创业研究的深入和创业文化的普及，越来越多的人认识到：如何创建和经营一家企业固然是创业教育的内容要求，但**培养学生使其具有企业家精神和品质才是创业教育的核心和目标**。因此，创业学习首先最需要关注的是：如何培养学生优秀的企业家精神，良好的创业品质和正确的人生态度。从大学生未来发展的视角分析，创业教育应当是一个人终身学习的过程，因为**创业教育不但要培养新企业的开办者，也要培养各行各业工作岗位上的持续创新者**。对大学生自身而言，创业学习可以帮助形成三个更为具体的职业目标：一是学习成为一个未来工作岗位上的创新者；二是学习成为一个能够自我聘用的创业者；三是学习成为一个关注创业领域的研究者。这三个目标对于不同的学生个体，其含义会有一些不同。学习成为一个工作岗位上的创新者可以作为一个基础性目标，主要是学习基本的创业商务知识，培养创新思维和能力，提升综合素质。学习成为一个创业者是高一级的目标，在接受创新思维、创新技能和创业商务知识的培训的基础上，还需进一步接受风险意识、领导能力、应变能力等有关创业品质的训练。学习成为一个创业领域的研究者，需要更系统地学习创业知识，关注创业的理论维度，深入探究创业规律，把创业作为一个教学和研究的领域。创业教育在培养人的基本素质方面，增添了时代的新要求、新要素，即创业素质。这意味着，创业课程要站在促进人的发展起点上，着眼于大学生综合素质的培养。作为一种国际化的教育理念和教育发展趋势，创业教育目标顺应了时代发展的要求，符合国家战略经济结构调整和个人发展的需要。创业教育不是面对大学生的就业压力而做的无奈和被动的选择，而是基于社会发展和学生成长的人才培养战略选择。这种选择不但反映了人们对教育本质及其人才培养规律认识的不断深化，而且也有利于革除传统人才培养模式的诸多弊端，推动和引导我国高校人才培养质量迈上一个新的台阶。①

三、《创业基础》的学习方法

"创业基础"是一门融知识性、理论性和实践性为一体的课程，教材本身基于科学的认知学习理论，强调创业知识、理论、能力的建构，在编写体例和学习导向上，注意尽量遵循如下逻辑关系：

1. **是什么？——准确定义概念，阐明基本知识。**
2. **为什么？——恰当运用基本理论分析主要原因。**
3. **怎么做？——着重掌握基本流程和基本方法。**

教材根据需要设置了创业实例、扩展阅读、案例分析、思考讨论等栏目。创业的实践性特征决定了创业学习必须延伸创业实践平台，《创业基础》的学习需要基于一个良好的"创业教学生态系统"，不仅包括课程和课堂，还需要多样化的外延活动与丰富的创业文化，具体见下。

---

① 参见薛明扬主编：《大学与创业教育》，北京，高等教育出版社，2012。

一是创新思维。创业教学中的老师和学生都需要建立创造性思维，认知情景中的社会和自我，坚持责任理性与可持续性的准则，充分运用创新设计和新媒体技术等多样化方法进行教学。

二是案例教学。创业教学过程中普遍采用案例教学的模式，除了教材中的案例作为参考外，老师和学生还应该共同寻找适合本校学生的案例，包括成功的和失败的案例，让学生学会从别人的成败中学习。

三是模拟创业。作为创业教学的必要环节，可以将学生分成小组。分组基本原则是：模拟成立一个创业型团队，注意学生专业的互补性，一个创业团队应该是由各种不同能力的人员构成，以此发挥互补优势。通过创业模拟，可以营造一个准创业氛围，让学生更加直观、更加有效地参与到创业活动中，扮演不同的角色，体验创业的挫折和压力，感受创业的成就感，学会抗压减压，勇于树立信心，激发创业欲望。

四是创业学习需要走出应试教育模式，坚持能力导向，激发学习兴趣，开拓学生视野，提升综合素质。教学开始便激励学生寻找创业机会，挖掘创业项目，学生的创意最终要撰写为创业计划书，同时要鼓励学生参加"大学生创业计划大赛"，并定期选拔出优秀项目推介到企业，使"产、学、研"得到良性结合。项目的选拔主要通过学生的陈述，小组讨论，大家提问，老师点评，企业决策者评判等方式，促使学生对自己的创业项目加以改进和完善，成为具有价值的项目。

五是活动拓展。除了在校内开展创业活动，实现学生与校园创业环境的相互塑造外，还可以通过创业论坛、成功人士座谈会、组织学生到企业调查咨询等活动，积累经验，增强能力，铸就品格。还应该在不影响正常学习的情况下，利用课余时间和假期，尝试与社会对接，设立和参与一些投资少、见效快、风险小的创业项目。在丰富多彩的第二课堂中可以将创业作为一种校园生活方式，培养学生发现和挖掘创业机会的方法与能力，引导学生更加注重知识创新和技术创新，着力于生活中创业项目的发掘和筛选，选择正确的行业，识别有价值的机会。

创业教学的内外延伸，让学生充分体会到现实中对创业的要求，不仅需要创业知识，更需要开阔的眼界、敏锐的洞察力、广泛的人脉、有胆有识的谋略、与他人分享的愿望、自我反省的能力等，通过对创业素质的培养，进而树立创业目标。因此，建议在创业基础教学中设计和做好三个重要环节和四个基本步骤。

三个重要环节：

第一个环节是课前安排。 要求实现对教材的课前阅读，授课教师必须预先提供十分详细的教学安排，具体到每次讲授什么主题，并列出与该主题相关的课前阅读材料和学习用具的明细。

第二个环节是课堂参与。 在课前准备的基础上，教师激励学生把问题或者困惑、个人的思考或者解释等带到课堂，与老师和同学分享，并通过课堂互动汲取营养。课堂参与的第一阶段是鼓励学生提出问题。课堂参与的更高阶段是学生能够提出好问题，提出有水平有价值的问题，并在此基础上，探讨解决问题的思路。

第三个环节是课后实践。 应将学生划分成具体的创业项目小组，有计划地进行自己的项目运作。

四个基本步骤：

第一步**头脑风暴**。尽可能罗列项目，重在提出新点子和新思路。

第二步**小组讨论**。提出各自观点，对项目评头品足，归纳分歧，尝试建立共识，确认最可行项目。

第三步**情景筹划与设计实施**。将项目情景化，将内容列表，进行逐项验证。获取更多市场信息，制订实施方案，进行模拟试验和创业实验。

第四步**进行创业项目完成情况评价并提供创业学习成绩报告**。

创业基础课程学习需要学生从"老师的课堂"环境中走出来，成为课堂的贡献者。 要自觉把知识、理论与实际案例相结合，把思想碰撞与角色体验相结合，积极拓展有效的实践途径，主动参与创业项目设计、创业计划大赛以及创业社团活动，开展创业者访谈，进行创业项目考察，尝试创办企业，学会把课堂知识理论应用于创业实践，在实践中发现问题和解决实际问题。不仅要重视学到了什么，更要重视体验和感悟了什么，要在学习过程中发挥最大的潜能，建立自信心和使命感，并找到自我能力提升和社会价值实现的途径。

如前所述，我们认为**创业是一个从"零"到"一"的完成过程**，同理，**创业教育也是一个从"知"（know）到"做"（do）的完成过程。** 正是创业本身突出的实践性特征决定了**真正的创业教学应该是一个知与行的过程。** 因此，我们祈愿各位老师和同学走进创业课堂，打开《创业基础》，让我们一起共同走完这一学习和行动的过程。

　　这本不厚的教学手册付梓之际，眼前又浮现了 2013 年暑假里各位同人辛勤劳动、汗流浃背的一幕。衷心感谢我的同道和挚友谢强先生，他是创智汇德（北京）科技发展有限公司董事长、总经理，作为创业实践者和创业教育者，他以自己的经验、才华和精力参与了本书的编著；感谢北京师范大学出版社马佩林先生，他又一次为我们的创业教材辛勤编辑。要感谢的还有教育部高等教育司的领导、《基本要求》专家组成员、使用《创业基础》教材的师生以及我的家人。正是有了大家的真诚关爱和热心支持，才有了现在的成果。

李家华

2013 年 8 月于北京海淀

目　录

第一章　创业、创业精神与人生发展

▸▸ **本章教学目标**

　　了解创业的概念、要素和类型，认识创业过程的特征，掌握创业与创业精神之间的辩证关系，强化创业精神需要培育并可培育的理性认识。

　　通过对知识经济发展的分析，使学生了解创业高潮形成的深层次原因，认识经济转型与创业热潮的内在联系，明确创业活动对于经济社会发展的贡献。

　　了解创业与职业生涯发展的关系，认识创业能力提升对个人职业生涯发展的积极作用。

本章教学要点

【创业定义】

【创业要素】

【创业的阶段划分】

【创业精神的内容】

【创业精神的作用】

【创业的社会成因】

【创业的社会作用】

【创业能力对职业发展的作用】

本章教学逻辑图

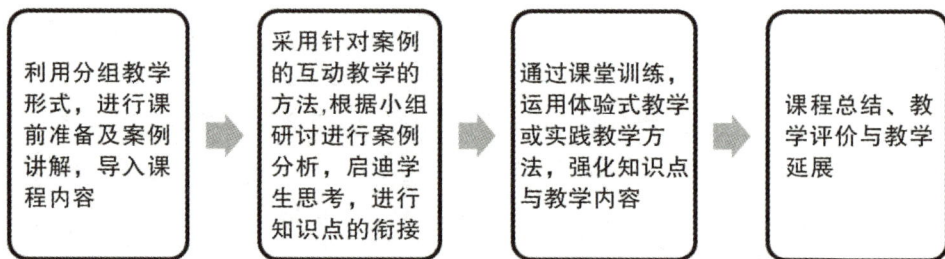

| 利用分组教学形式，进行课前准备及案例讲解，导入课程内容 | → | 采用针对案例的互动教学的方法，根据小组研讨进行案例分析，启迪学生思考，进行知识点的衔接 | → | 通过课堂训练，运用体验式教学或实践教学方法，强化知识点与教学内容 | → | 课程总结、教学评价与教学延展 |

第一节　创业与创业精神

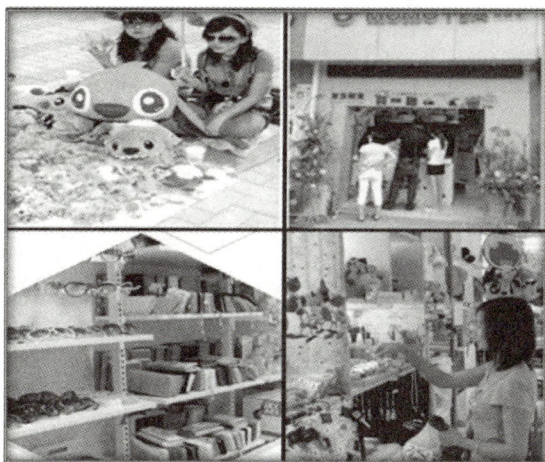

图 1-1　身边常见的大学生创业形式　上左：大学生摆地摊；
上右：大学生冷饮店；下左：格子铺；下右：大学生手工饰品店

图 1-2　身边常见的大学生创业形式　上左：大学生养鱼；
上右：大学生快递服务站；下左：大学生家教；下右：大学生种植有机蔬菜

教学目标

了解创业的概念、要素和类型，认识创业过程的特征，掌握创业与创业精神之间的辩证关系，强化创业精神需要培育并可培育的理性认识。

教学要点

创业是不拘泥于当前资源约束、寻求机会、进行价值创造的行为过程。

创业的关键要素包括机会、团队和资源。

创业过程包括创业者从产生创业想法到创建新企业或开创新事业并获取回报，涉及识别机会、组建团队、寻求融资等活动。可大致分为机会识别、资源整合、创办新企业、新企业生存和成长四个重要阶段。

创业精神是创业者在创业过程中重要行为特征的高度凝练，主要表现为勇于创新、敢当风险、团结合作、坚持不懈等。

创业精神将在新时期发挥更大的作用，有利于加快完善社会主义市场经济体制和加快转变经济发展方式，推动经济持续健康发展。

▶▶ 教学逻辑

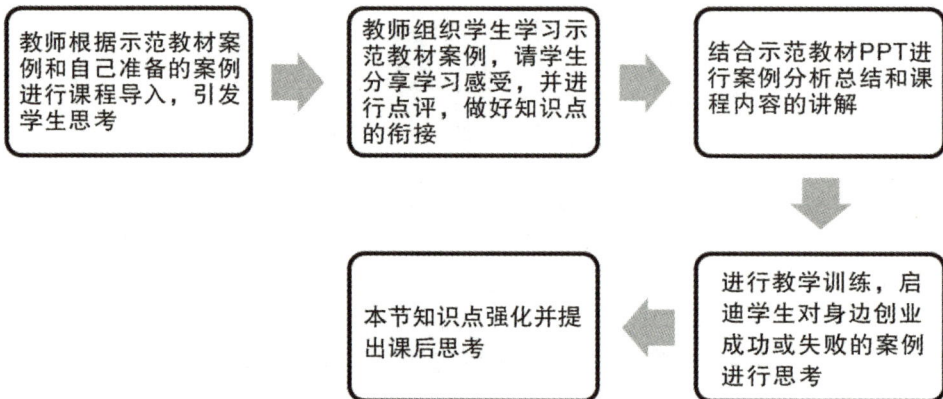

教学方法说明

教 学 内 容	教 学 方 法
教师根据示范教材案例和自己准备的案例进行课程导入，引发学生思考	案例教学
教师组织学生学习示范教材案例，请学生分享学习感受，并进行点评，做好知识点的衔接	课堂讨论、师生互动
结合示范教材PPT进行案例分析总结和课程内容的讲解	案例教学、PPT讲解
进行教学训练，启迪学生对身边创业成功或失败的案例进行思考	教学实训
本节知识点强化并提出课后思考	教师总结、课程延展

教学内容与方法详解

【课前准备】

教师准备：教师根据《创业基础》示范教材和PPT课件，结合本校学生状况，在教材案例的基础之上准备2～3个更贴近学生实际的创业案例作为课堂应用资料。以此引发学生对创业的初步认知与思考。

【课堂教学】

课程导入

教师运用示范教材中的案例和课前准备的教学案例进行说明。重点在于将创业作为身边普遍发生的一种社会现象进行讲解，消除学生对创业的畏难心理，树立学生对创业的自信心。

· 教学要点

教师引导学生谈对创业的认识和创业的意义。

· 教学内容

教师运用《创业基础》示范教材PPT课件讲解创业的含义以及创业对当今社会发展和大学生本身成长的重要意义。

一、创业的定义与功能

（一）创业的定义

所谓创业，就是不拘泥于当前资源约束、寻求机会、进行价值创造的行为过程。

创业作为一个过程，通常具有三个要点：

第一，创业者"不拘泥于当前资源约束"，主要指创业者不甘于资源供给的现状，努力突破资源束缚，通过资源整合来达到创业目标。创业者在创业初期大都会经历资源缺乏，从无到有的过程。

第二，创业者善于"寻求机会"，主要指创业者在创业前要努力识别商业机会，发现了商业机会，就会有进一步整合资源的动力。所以，寻求机会是产生创业活动的重要一环。

第三，创业者能够"进行价值创造"，主要指创业应该伴随新价值的产生。通常是通过以产品或服务的方式服务消费者，创造商业价值和社会价值。

（二）创业的功能

创业一般具有以下功能：

1. 促进资源合理分配
2. 推动组织发展
3. 帮助实现人生价值
4. 推动社会发展进步

案例分析一

· 教学方法

教师选择4～5名学生谈身边的创业事例或他们心中的创业榜样的创业故事，并进行说明与分享。

· 教学内容

教师运用《创业基础》示范教材PPT课件讲解创业的类型及其包含的要素。

二、创业的要素与类型

（一）创业的要素

创业的关键要素包括机会、团队和资源。

创业机会是指创业者可以利用的商业机会。从创业过程角度来说，机会是创业的起点，创业过程就是围绕着机会进行识别、开发、利用的过程。

创业团队是指在创业初期（包括企业成立前和成立早期），由一群才能互补、责任共担、愿为共同的创业目标而奋斗的人所组成的特殊群体。

创业资源是指新创企业在创造价值的过程中需要的特定资产，包括有形与无形的资产，它是新创企业创立和运营的必要条件，主要表现形式为创业人才、创业资本、创业技术和创业管理等。

创业要素间的关系：

第一，商业机会是创业过程的重要驱动力，创业团队是创业过程的主导者，资源是创业成功的必要保证。创业过程始于创业机会。

第二，创业过程是商业机会、创业团队和资源三个要素匹配和平衡的结果。

第三，创业是一个连续不断地寻求平衡的行为组合。在三个要素中绝对的平衡是不存在的，但创业过程要保持发展，必须追求一种动态的平衡。

（二）创业的类型

创业的路各不相同。我们可以从不同的角度对其进行分类：

1. 依创业目的可分为机会型创业和生存型创业

机会型创业是指创业的出发点并非谋生，而是为了抓住、利用市场机遇。

生存型创业是指为了谋生而自觉或被迫地创业，大多偏于尾随和模仿，因而往往加剧市场竞争。

2. 依创业起点可分为创建新企业和既有组织内创业

创建新企业是指创业者从无到有地创建全新企业的过程。

既有组织内创业是指在现有组织内的有目的的创新过程。

3. 依创业者数量可分为独立创业和合伙创业

独立创业是指创业者独立创办自己的企业。

合伙创业是指与他人共同创办企业，其优势和劣势正好与独立创业相反。

4. 依创业项目性质可分为传统技能型、高新技术型和知识服务型创业

传统技能型创业是指使用传统技术、工艺的创业项目。

高新技术型创业是指知识密集度高，带有前沿性、研究开发性质的新技术、新产品创业项目。

知识服务型创业是指为人们提供知识、信息等的创业项目。

5. 依创业方向和风险可分为依附型、尾随型、独创型和对抗型创业

依附型创业可分为两种情况：一是依附于大企业或产业链而生存。二是特许经营权的使用。

尾随型创业即模仿他人创业，行业内已经有同类企业或类似经营项目，新创企业尾随他人之后，学着别人做。

独创型创业是指提供的产品和服务能够填补市场空白，大到独创商品，小到商品的某种技术，如环保洗衣粉等。

对抗型创业是指进入其他企业已形成垄断地位的某个市场，与之对抗较量。

6. 依创新内容可分为基于产品创新的创业、基于营销模式创新的创业和基于组织管理体系创新的创业

基于产品创新的创业是指基于技术创新或工艺创新的成果，用新产品产生新的消费者群体，从而导致创业行为的发生。

基于营销模式创新的创业是指采取了一种有别于其他厂商的市场营销模式，因而可能给消费者带来更高的满足感。

基于组织管理体系创新的创业是指采取一种有别于其他厂商的企业组织管理体系，因而能更有效地实现产品的商业化和产业化。

三、创业过程与阶段划分

图 1-3　创业过程图

（一）创业的过程

创业的过程通常分为六个环节：1. 产生创业动机；2. 识别创业机会；3. 整合有效资源；4. 创建新企业或新事业；5. 实现社会价值；6. 收获创业回报。

（二）创业的阶段

根据创业过程包含的环节，将创业分为：机会识别阶段、资源整合阶段、创办新企业阶段、新企业生存和成长阶段。

案例分析二

• 教学方法

教师布置学生课堂学习示范教材案例，根据学生的学习感受进行点评。与此同时进行案例拓展引出对创业精神的探讨。

• 教学内容

教师运用《创业基础》示范教材 PPT 课件讲解创业精神的本质、来源、作用以及培育创业精神的注意事项，使学生对创业精神有明确深刻的理解。

四、创业精神的本质、来源、作用与培育

（一）创业精神的本质

创业精神是创业者在创业过程中具有开创性的思想、观念、个性、意志、作风和品质等重要行为特征的高度凝练，主要表现为勇于创新、敢当风险、团结合作、坚持不懈等。创新是创业精神的灵魂，冒险是创业精神的天性，合作是创业精神的精髓，执着是创业精神的本色。创业精神既是创业的动力源泉，也是创业的支柱。

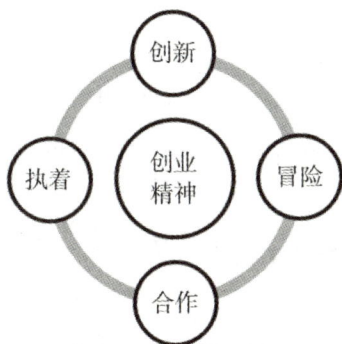

（二）创业精神的来源

创业精神的形成与发展主要受文化环境、产业环境、机制环境、生存环境等方面影响。

（三）创业精神的作用

创业精神能够激发人们进行创业实践的欲望，是一种内在的动力机制。

创业精神能够帮助个人、企业乃至整个国家或地区，在面对错综复杂的竞争环境时走向成功和繁荣，更利于国家加快转变经济发展方式，促进经济社会又好又快发展。

（四）创业精神的培育

其一，培育创业人格。大学生要树立心理健康意识，提高心理素质，增强适应能力，自觉培养坚忍不拔的意志品质和艰苦奋斗的精神。其二，培养创新

能力。大学生要通过保持个性发展和好奇心、求知欲，勇于突破前人，突破书本，突破难题。其三，强化创业实践。大学生应该利用课余时间参加一定的创业模拟和社会实践活动，增强对企业的了解和对社会的认知。

【教学训练】

思考

请学生们寻找一个身边创业成功或失败的事例，初步分析其成功或失败的原因。进行课堂分组讨论，教师选择2～3组学生在班级范围内进行分享，重点在于：

1. 创业的背景、特色、历程及其所处的创业阶段。

2. 成功或失败的主要原因。

3. 事例中核心创业者或核心创业团队所表现出的创业精神有哪些(或欠缺哪些)？

提示

教师强调本课程应用案例教学的方法，指导学生学会搜寻创业案例，并能够运用所学知识进行案例的分析，总结案例中的成功与不足之处。

教学建议

结合示范教材、配套 PPT 课件，充分调动学生参与课堂教学的积极性，更多地利用学生身边的、学校典型的创业案例对知识内容进行讲授。

【考核建议】

本节内容的考核建议采用书面试题卷的形式(包括简答题、选择题和案例分析题)，可与其他章节内容的书面试题卷一并考核。

【教学延展建议】

为了便于与第三节教学内容衔接，并使本节授课内容得以巩固，建议安排课后学生作业，并作为第三节授课的课前准备。

【作业建议】

大学生创业、社会在职人员创业与非高等教育背景者创业的异同有哪些？

教学资源

《创业基础》示范教材、《创业基础教学手册》《创业基础》示范教材 PPT 课件。

第二节　知识经济发展与创业

教学目标

　　通过对知识经济发展的分析，使学生了解创业高潮形成的深层次原因，认识经济转型与创业热潮的内在联系，明确创业活动对于经济社会发展的贡献。

教学要点

　　经济转型是创业热潮兴起的深层次原因。

　　经济社会发展不同阶段创业活动的特征。

　　创业具有增加就业、促进创新、创造价值等功能，同时也是解决社会问题的有效途径之一。

教学逻辑

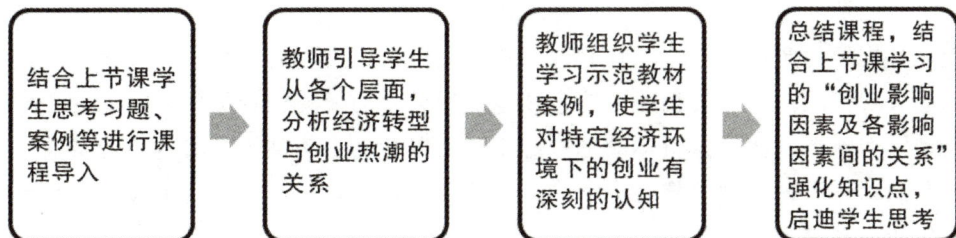

结合上节课学生思考习题、案例等进行课程导入　→　教师引导学生从各个层面，分析经济转型与创业热潮的关系　→　教师组织学生学习示范教材案例，使学生对特定经济环境下的创业有深刻的认知　→　总结课程，结合上节课学习的"创业影响因素及各影响因素间的关系"强化知识点，启迪学生思考

教学方法说明

教 学 内 容	教 学 方 法
结合上节课学生思考习题、案例等进行课程导入	课程回顾、案例教学
教师引导学生从各个层面分析经济转型与创业热潮的关系	师生互动、课堂讨论
教师组织学生学习示范教材案例，使学生对特定经济环境下的创业有深刻的认知	师生互动
总结课程，结合上节课学习的"创业影响因素及各影响因素间的关系"强化知识点，启迪学生思考	PPT讲解、教师总结

教学内容与方法详解

【课前准备】

教师准备

准备我国自改革开放以来，不同时期的典型创业案例，包括创业环境、创业人物、创业项目、创业类型等，形成与改革开放、经济发展、社会发展相匹配的创业趋势图。从而引出在当今社会经济发展模式转型和产业结构升级的大背景下创业与知识经济发展的关系。

提示

从改革开放以来的经济发展脉络看，有商贸类创业、"三来一补"的生产类创业、规模化产业类创业、互联网门户及通信技术类创业、高科技成果转化类创业、现代服务行业类创业、信息技术应用导致的模式创新类创业、文化创意及动漫产业类创业等，整体的创业脉络是由以劳动密集型为核心竞争力的企业创业向以知识密集型为核心竞争力的企业创业转化，其对高新技术应用和创新的依赖度越来越高。

创业类型	典型案例	创业时期	发展状况
商贸类			
餐饮类			
互联网类			
科技类			
文化创意			
图书出版			

学生准备

针对本章第一节所留课后思考题"大学生创业、社会在职人员创业与非高等教育背景者创业的异同有哪些",由学生分组(每组 3～4 人)进行研讨,给出结论。

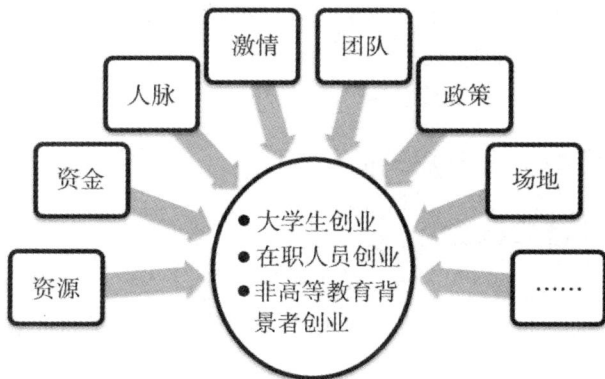

图 1-4　大学生创业 & 社会在职人员创业 & 非高等教育背景者创业

【课堂教学】

课程导入

结合上节课思考题,请 3～4 组学生代表阐述"大学生创业、社会在职人员创业与非高等教育背景者创业的异同有哪些"的讨论结果,教师进行相应点评。

教师点评应把握以下几方面要点:

☆ 创业者知识背景的区别

☆ 创业者资源状况与创业环境的区别

      ✓ 政策扶持力度

      ✓ 资源储备情况对可持续发展的支持力度

  ☆ 创业者创业类型的区别

      ✓ 机会型创业和生存型创业

      ✓ 独立创业与合伙创业

      ✓ 传统技能型创业、高新技术型创业和知识服务型创业

      ✓ 依附型创业、尾随型创业、独创型创业和对抗型创业

      ✓ 基于产品创新的创业、基于营销模式创新的创业和基于组织管理
        体系创新的创业

  ☆ 提出大学生创业的方向与高校创业教育的方向，与本节教学内容相
    衔接

• 教学要点

引导学生了解知识经济时代创业的表现特征以及知识经济的发展对创业造成的影响。

• 教学内容

一、经济转型与创业热潮的关系

（一）知识经济的概念

人类的经济发展大致可以分为农业经济、工业经济、知识经济等。农业经济，又称劳动经济，即经济发展主要取决于对劳动力资源的占有和配置。工业经济，又称资源经济，即经济发展主要取决于对自然资源的占有和配置。知识经济，又称新经济，是指建立在知识和信息的生产、分配和使用基础上的经济。

（二）经济转型与创业热潮的关系

第一，知识经济的到来使得创业的机会大大增加。

第二，在知识经济条件下，人们的文化层次普遍提高。

第三，信息技术从形式上丰富了创业活动的内涵。

第四，沟通的便捷从一定程度上降低了创业的进入门槛。

知识经济时代的经济转型，使得智慧、创意、创新、速度等成为竞争优势的关键来源，形成了有利于创业活动开展和中小企业发展的良好环境。

案例分析

• 教学要点

教师组织学生学习示范教材案例《华为的成长》，分析创业活动对时代经济造成的影响、华为创业成功的原因及案例中时代背景赋予创业的重要意义。

• 教学内容

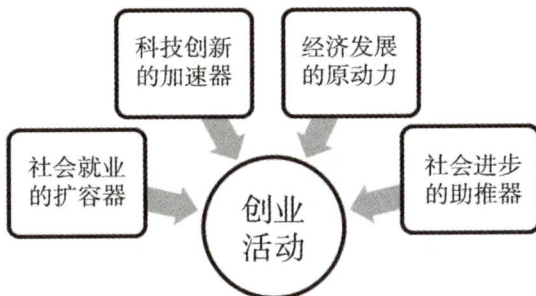

二、创业活动的功能属性

（一）创业是社会就业的扩容器。创业可以提供就业岗位，服务社会。全社会广泛的创业活动，有利于解决社会就业问题，促进和谐社会的建设；党的十八大提出，要贯彻鼓励创业的方针，并强调要引导劳动者转变就业观念，鼓励多渠道多形式就业，促进创业带动就业，做好以高校毕业生为重点的青年就业工作。

（二）创业是科技创新的加速器。创业可以实现先进技术转化，推动新发明、新产品或新服务的不断涌现，创造出新的市场需求，从而进一步推动和深化科技创新，因而提高了企业或是整个国家的创新能力，推动了经济增长。

（三）创业是经济发展的原动力。无论是在发达国家，还是发展中国家，创业是一个国家经济发展中最具活力的部分，是经济发展的原动力。

（四）创业是社会进步的助推器。创业活动促进了社会经济体制的改革和深化，它繁荣了市场，丰富了人们的生活，提高了生活质量，促进了社会稳定和谐，是实现共同富裕的有效途径。

三、知识经济时代赋予创业的重要意义

（一）知识经济时代创业的意义

1. 推动社会的创新。创业的过程就是一个创造性地整合资源的过程，包

含着许多领域的创新元素。

2. 实现生产力的发展。通过创业可以实现创新成果的商品化和产业化，将创新的价值转化为具体、现实的社会财富。因此创业可以使创新带来的高科技的潜在价值市场化，使创新成果转化为现实生产力。

3. 解决社会问题。创业可以使社会资源在竞争状态下达到有效配置，从而实现人、经济与社会的科学、可持续、和谐发展。

（二）知识经济时代创业的关键

1. 持续创新，拥有自主技术。在全球化环境下，企业间竞争的焦点是通过对技术和知识产权的占有，使其在市场上获得竞争地位并控制市场。

2. 技术引领市场，挖掘潜在需求。挖掘潜在需求要求创业者必须兼具敏锐的洞察能力和强大的创新能力。从个体角度看，挖掘潜在需求的创业者在这一新领域避开了对手，很容易成为引领者并获得创业成功；从整体角度看，挖掘潜在需求能够开发更大的市场，创造更多的就业机会，更好地推动社会经济发展。

3. 兼容并蓄，快速变革。知识经济时代的知识存在着信息量大和淘汰速度快这两大特点，单个创业者很难拥有所需的全部知识。面对全球化竞争下越来越激烈的竞争环境，唯有兼容并蓄和快速变革才能在不断变化的环境下取得成功。

4. 拥有全球化的胸襟与眼光。通过网络手段，来自全球的潜在顾客都有可能成为目标顾客，而各地的资源也有可能成为自己的创业资源。

【教学训练】

1. 安排学生走访身边创业者，了解其项目的特点，特别关注其创业项目的创新点与支持其可持续发展的核心竞争力，发现其与经济发展模式转型与产业结构升级大背景的关联。

2. 搜集、整理我国自改革开放以来成功的创业者的发展历程，以史为鉴，把握新时期的创业发展趋势。

3. 结合学生所学专业和所处的区域经济环境，思考可能创业的方向或项目。

【教学总结】

帮助学生掌握知识经济的内涵和在知识经济背景下创业的作用。

教学建议

结合示范教材、配套PPT课件和教师准备的拓展资料，充分调动学生参与课堂教学的积极性，从历史的角度梳理创业的脉络，强化学生对当今社会环境的认识，强调在当今社会环境下创业的意义和方向。

【考核建议】

本节内容的考核建议采用书面试题卷的形式（包括简答题、选择题和案例分析题），可与其他章节内容的书面试题卷一并考核。

【教学延展建议】

为了便于与第三节教学内容衔接，并使本节授课内容得以巩固，建议安排学生课后作业，并作为第三节授课的课前准备。

【作业建议】

1. 搜寻几个符合在知识经济环境下创业的案例，总结它们之间的相同点和不同点。

2. 走访一位已经毕业的学长或亲朋好友，询问他们毕业时对于创业、就业、职业的选择与思考，主要内容为：

☆ 毕业时，他是怎么考虑的？

☆ 毕业后，他是怎么做的？

☆ 现在，他是怎么考虑的？

☆ 今后，他打算怎么做？

☆ 是否考虑创业？

《创业基础》示范教材、《创业基础教学手册》《创业基础》示范教材 PPT 课件。

第三节　创业与职业生涯发展

教学目标

　　了解创业与职业生涯发展的关系，认识创业能力提升对个人职业生涯发展的积极作用。

教学要点

　　创业不是一个人开办一家企业。

　　创业能力具有普遍性与时代适应性。

　　创业能力对个人职业生涯发展起着积极的作用。

▸▸ 教学逻辑

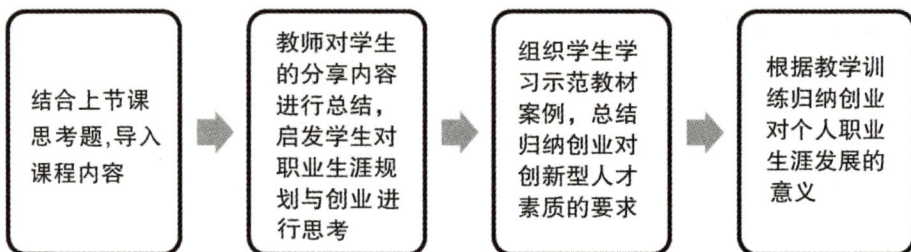

结合上节课思考题,导入课程内容　→　教师对学生的分享内容进行总结,启发学生对职业生涯规划与创业进行思考　→　组织学生学习示范教材案例,总结归纳创业对创新型人才素质的要求　→　根据教学训练归纳创业对个人职业生涯发展的意义

教学方法说明

教 学 内 容	教 学 方 法
结合上节课思考题，导入课程内容	课程回顾
教师对学生的分享内容进行总结，启发学生对职业生涯规划与创业的思考	课堂讨论、师生互动
组织学生学习示范教材案例，总结归纳创业对创新型人才素质的要求	案例教学、PPT 讲解
根据教学训练归纳创业对个人职业生涯发展的意义	课堂调查、PPT 讲解

教学内容与方法详解

【课前准备】

教师准备

准备一个本校毕业生成功创业的案例使学生对于创业的认识更加具体。

学生准备

针对本章第二节所留课后思考题，走访一位已经毕业的学长或亲朋好友，询问他们毕业时对于创业、就业、职业的选择与思考，主要内容为：1. 毕业时，他是怎么考虑的？2. 毕业后，他是怎么做的？3. 现在，他是怎么考虑的？4. 今后，他打算怎么做？5. 是否考虑创业？由学生分组（3～4 人）选择典型案例进行研讨，给出结论。

提示

1. 他是否实现了当初所规划的职业发展？

2. 他当时就业、创业选择的依据是什么？

3. 现在怎么看待毕业时的选择？

4. 从他的经历当中，你对他的选择做一个客观评价。

【课堂教学】

课程导入

• 教学要点

通过学生对于学长的职业发展的分析，引出创业与职业生涯发展的思考。

• 教学内容

结合上节课思考题，请3～4组学生代表阐述对学长职业生涯调查的分析结果，教师进行相应点评。

教师点评应把握以下几方面要点：

☆ 创业是职业生涯规划当中的一个重要因素与规划方向

☆ 选择毕业创业与工作一段时间后创业的区别

☆ 创业方向与在校所学专业、从事的社会职业、所处的社会环境、自身的资源条件的关系

☆ 创业对当代青年的职业发展与人生发展的影响

案例分析

【教学要点】

教师组织学生学习示范教材案例《袁隆平的事业》，分析创业对创新型人才的素质要求以及知识经济时代对创新型人才的要求。

· 教学内容

一、创业的狭义概念

狭义的创业定义为"创建一个新企业的过程"。

二、创业的广义概念

广义的创业定义为"创造新的事业的过程"。通过发现机会、整合资源实现自己的价值和抱负，都可以称为创业。

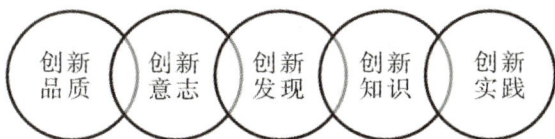

创新品质　创新意志　创新发现　创新知识　创新实践

三、创新型人才的素质要求

创新型人才的素质要求：所谓创新型人才，就是具有创新精神和创新能力的人才。

（一）创新品质。创新型人才需具备良好的献身精神、进取意识、强烈的事业心和历史责任感等可贵的创新品质。

（二）创新意志。创新型人才每前进一步都是需要非凡的胆识和坚忍不拔的毅力。

（三）创新发现。创新型人才必须具有敏锐的观察能力、深刻的洞察能力、见微知著的直觉能力和一触即发的灵感和顿悟。

（四）创新知识。创新型人才需要具有广博而精深的文化内涵。

（五）创新实践。创新型人才必须具有严谨而求实的工作作风。

四、职业生涯规划

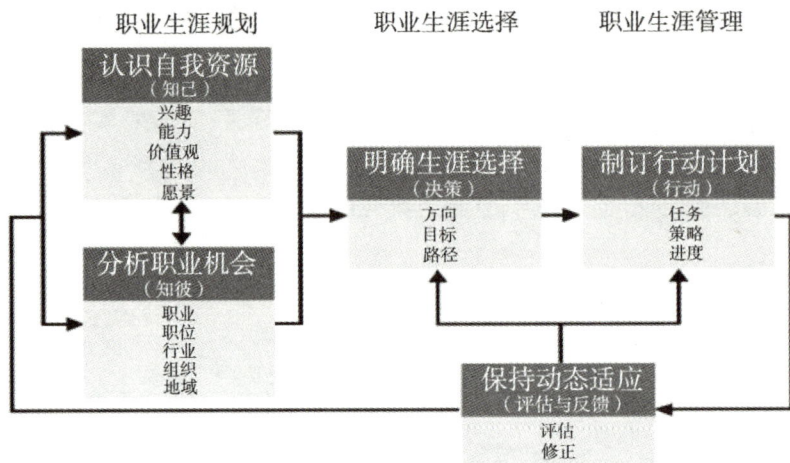

图 1-5　大学生职业生涯规划系统模型

职业生涯规划是指个人和组织相结合，在对一个人职业生涯的主客观条件进行测定、分析、总结研究的基础上，对自己的兴趣、爱好、能力、特长、经历及不足等各方面进行综合分析与权衡，结合时代特点，根据自己的职业倾向，确定其最佳的职业奋斗目标，并为实现这一目标做出行之有效的安排。

五、创业能力与职业生涯发展

创业能力中所包括的捕捉机会、整合资源的意识，以及领导、沟通等能力，具有普遍性与适应性。无论你从事什么样的行业或职业，创业能力都将在个人职业生涯规划中发挥积极的作用。

【教学训练】

教师进行课堂调查：

1. 打算在毕业后直接进行创业的学生请举手，计算出举手学生在班级总人数中所占比例；

2. 打算在自己的职业发展规划中尝试进行创业的学生请举手，计算出举手学生在班级总人数中所占比例；

3. 针对实际情况教师进行学生创业意愿的课堂分析；

4. 教师针对始终未选择创业的学生从广义创业的角度给予提示。

【教学总结】

教师强调广义创业是指创新性地工作或开创其他事业，广义创业伴随职业生涯发展的全过程，所以，接受创业教育、学习创业知识、培养创业能力是职业发展的基础。

教学建议

结合职业生涯规划理论，立足于学校人才培养方向和专业所对应的职业方向讲解创业与职业生涯发展的关系，强调广义创业概念和创业者能力素质对职业生涯发展的影响。

【考核建议】

本节内容的考核建议采用书面试题卷的形式（包括简答题、选择题和案例分析题），可与其他章节内容的书面试题卷一并考核。

【教学延展建议】

教师可采用模拟沙盘的教学方法，使学生在模拟的环境下训练如何制定职业生涯规划，例如在毕业时可考虑就业、创业、深造等。同时，在职业生涯规划中，应体现随外部环境的变化、个人状况的变化及时进行职业生涯规划的调整，在此过程中，学生个人状况的变化应包括知识结构的变化、能力结构的变化、资源结构的变化和资金结构的变化，使学生在训练中掌握职业生涯规划与规划调整的基本思路与技能。建议参考"创智汇德大学生创业素质训练沙盘教学系统"。

图 1-6　创智汇德大学生创业素质训练沙盘训练现场——学生正在进行职业生涯规划的教学分享

为了便于与下一章教学内容衔接，并使本节授课内容得以巩固，建议安排学生课后作业。

【本章作业】

参考示范教材本章课后作业安排学生完成。

教学资源

《创业基础》示范教材、《创业基础教学手册》《创业基础》示范教材 PPT课件。

第二章 创业者与创业团队

本章教学目标

　　认识创业者的基本素质，了解创业者的创业动机及其对创业的影响，注重识别创业活动的理性因素。

　　认识创业团队对创业成功的重要性，学习组建创业团队的思维方式及其对创业活动的影响，掌握管理创业团队的技巧和策略，认识创业团队领袖的角色与作用。

本章教学要点

【创业者的定义】

【创业者的素质和能力】

【创业动机的含义与分类】

【产生创业动机的驱动因素】

【创业团队的定义】

【创业团队的优劣势分析】

【创业团队组建策略及其后续影响】

【创业团队的管理技巧与策略】

【创业团队领导者的角色及行为策略】

【创业团队的社会责任】

本章教学逻辑图

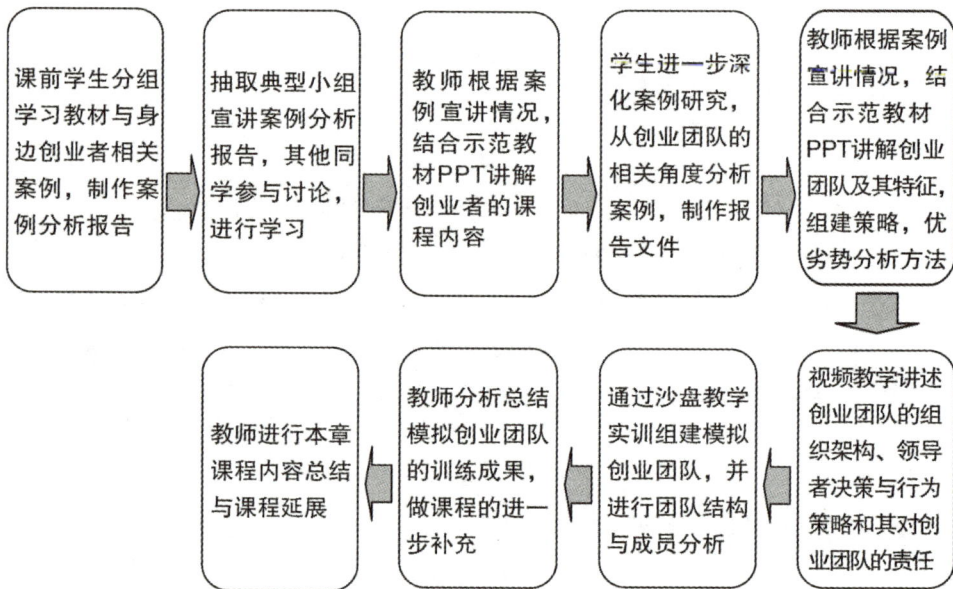

课前学生分组学习教材与身边创业者相关案例，制作案例分析报告

→

抽取典型小组宣讲案例分析报告，其他同学参与讨论，进行学习

→

教师根据案例宣讲情况，结合示范教材PPT讲解创业者的课程内容

→

学生进一步深化案例研究，从创业团队的相关角度分析案例，制作报告文件

→

教师根据案例宣讲情况，结合示范教材PPT讲解创业团队及其特征，组建策略，优劣势分析方法

↓

视频教学讲述创业团队的组织架构、领导者决策与行为策略和其对创业团队的责任

←

通过沙盘教学实训组建模拟创业团队，并进行团队结构与成员分析

←

教师分析总结模拟创业团队的训练成果，做课程的进一步补充

←

教师进行本章课程内容总结与课程延展

第一节　创业者

教学目标

　　认识创业者的基本素质，了解创业者的创业动机及其对创业的影响，注重识别创业活动的理性因素。

教学要点

　　创业者并不是特殊人群。具备一些独特技能和素质有助于成功创业。

　　大多数创业能力可以通过后天培养而习得。

　　创业者选择创业的动机受诸多直接和间接因素的影响。

　　创业者可以通过创业教育培养和提高创业素质和能力。

教学逻辑

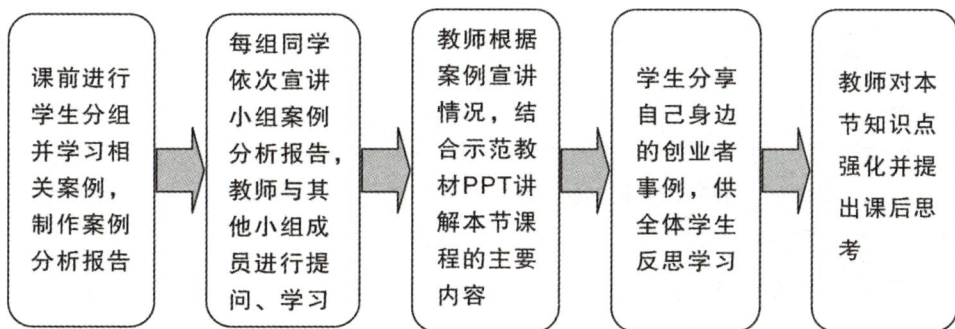

课前进行学生分组并学习相关案例，制作案例分析报告 → 每组同学依次宣讲小组案例分析报告，教师与其他小组成员进行提问、学习 → 教师根据案例宣讲情况，结合示范教材PPT讲解本节课程的主要内容 → 学生分享自己身边的创业者事例，供全体学生反思学习 → 教师对本节知识点强化并提出课后思考

教学方法说明

教 学 内 容	教 学 方 法
课前进行学生分组并学习相关案例，制作案例分析报告	案例教学、分组研讨
每组学生依次宣讲小组案例分析报告，教师与其他小组成员进行提问、学习	案例教学、分组研讨、学生互动、师生互动
教师根据案例宣讲情况，结合示范教材PPT讲解本节课程的主要内容	案例教学、教学互动、PPT讲解
学生分享自己身边的创业者事例，供全体学生反思学习	教学互动
教师对本节知识点强化并提出课后思考	课堂教学、课后作业

教学内容与方法详解

【课前准备】

教师准备

教师课外准备有关创业者的最新案例，便于进行课程内容讲解的导入。

学生准备

全班学生分小组完成课前准备，每组3～4人。

分小组准备、分析《创业基础》教材创业实例《传奇的缔造者——王传福》并制作创业实例分析汇报。

分小组准备、分析史玉柱的创业传奇人生，并从创业者的角度分析史玉柱的三次创业历程，制作实例分析汇报。

分小组搜集、准备身边创业者的实例，分析其失败或成功的经验、做法，制作分享提纲，准备进行分享。

图 2-1　史玉柱创业阶段①

【课堂教学】

案例分析

• 教学方法

1. 教师针对王传福、史玉柱的实例各选择一组学生进行课堂展示讲解。

2. 其他各小组成员参与到案例的分享讲解当中，在讨论中让学生思考：

☆ 什么是大学生创业者？

☆案例中创业者在创业历程中体现了哪些创业能力和素质？

☆分析创业者的创业动机及其驱动因素。

围绕以上几个方面，促使学生对创业者进行深入剖析。

• 教学内容

教师根据学生的案例分享内容、结合创业基础示范教材 PPT 进行整理，提炼创业者的定义(特别提醒：创业具有时空范围，是指从开始创业到获得首次回报的阶段)，同时结合案例概要讲解创业者应具备的基本素质和基本能力。进一步分析案例，对创业者的创业动机进行归类说明，与此同时分析创业动机的驱动因素。

一、创业者

(一)创业者的定义

1. 创业者的概念

创业者认为自己的创业行动可以创造出有价值的新事物。这种事物的价值，不仅对创业者自身，而且对实际受惠对象也是有价值的。创业者已经准备

———————
①图片来自百度图片。

好为自己的创业行动投入大量的时间，付出极大的努力。创业者认为找到了创业真正的商机，同时也愿意承担可能存在的风险。创业者认为自己的创业行动能够满足社会需要，同时自己会获得相应的回报。

2. 创业者不是"神话人物"

创业者之所以成功，不是因为他们"走运"，而是因为他们足够努力，并且具备了一些有助于其成功创业的独特技能和素质。

3. 大学生创业者

大学生创业者，是指那些有理想、有胆识，不通过传统的就业渠道谋取职业发展，而是为自己开辟一条择业新路，利用自己的知识、才能和技术，以自筹资金、技术入股、寻求合作等方式主动参与社会竞争，创立新的企业，成为为自己、为社会创造就业机会的人。

（二）创业者的分类

按创业者创业目标的不同，大致可以把创业者分成三种类型。

1. 谋生型创业者

谋生型创业者往往是因为迫于生活的压力或是为了使自己的生活条件有所改善才决定创业。

2. 投资型创业者

投资型创业者是在已经拥有一定经济基础与实力的基础上进行创业。

3. 事业型创业者

事业型创业者把实现自己的人生梦想作为创业的目标，把创办的企业当作自己毕生的事业。

二、创业者的素质与能力

（一）创业者的基本素质

创业素质是创业行动和创业者所需要的主体要素，包括知识、技能、经验和人格等。

1. 诚信为本：诚信就是"诚实无欺""信守诺言""言行相符""表里如一"。

2. 直觉敏锐：灵活敏锐的商业意识是兴企之本。

3. 把握机遇：当机遇来临时，具备把握机遇素质的人往往能拔得头筹。

4. 追求创新：创业者应该具有不断追求创新的素质，要有不满足于维持现状的意识，要有不断推陈出新的精神。

5. 敢于竞争：创业者需要具备敢于竞争的特质，在市场的浪潮中拼搏前进。

（二）创业者的必备能力

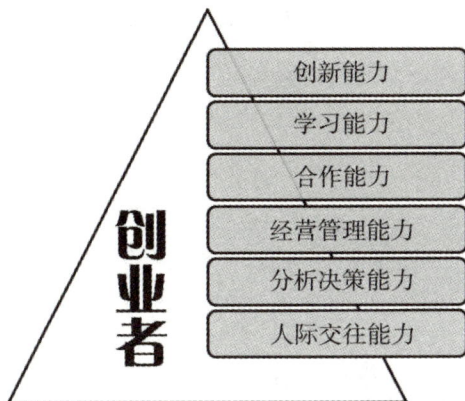

创业能力是实施创业和决定创业能否成功的关键。

1. 创新能力：创新能力是白手起家创业者的生命源泉。

2. 学习能力：创业者只有不断学习才能应对时代潮流的冲击与要求。学习能力主要是指制定学习目标和计划的能力、阅读能力、分析归纳能力、信息检索能力等自学能力。

3. 合作能力：每个人的能力都有限度，善于与别人合作的人，才能够弥补自己能力的不足，达到原本达不到的目的。

4. 经营管理能力：经营管理能力在较高层次上决定了创业实践活动的效率和成败。

5. 分析决策能力：只有在进行深刻的科学分析的基础上，才能做出正确的创业决定。

6. 人际交往能力：人际交往能力是创业者发展和巩固其人脉资源的重要保障。

三、创业动机的含义与分类

（一）创业动机的含义

创业动机是引起和维持个体从事创业活动，并使活动朝向某些目标的内部动力，是鼓励和引导个体为实现创业成功而行动的内在力量。

（二）创业动机的分类

从创业动机角度讲，国外有研究者根据创业初始动力的差异性，把创业者分为艺术型创业者和管理型创业者。

艺术型创业者更注重非经济利益，管理型创业者则更关注经济利益。

四、产生创业动机的驱动因素

（一）个体成就因素

（二）团队合作因素

团队合作素质越高，创业者就越有创业的冲动。

案例分享

• 教学方法

教师根据学生课前对身边创业者案例的调查分析，组织引导学生讲解身边创业者的事例，从创业动机、创业精神的角度分析其在创业当中体现了哪些素质和能力，分享创业者成功或失败的经验。

	创业成败	创业动机	创业者特质	经验与教训
案例一				
案例二				
案例三				
案例四				

• 教学内容

教师根据学生分享的身边创业者成功或失败的案例，使学生深入了解创业的内涵，引导学生树立正确的创业价值观。

【教学训练】

思考

请学生根据教师在本节课程中对创业者、创业能力与素质的内容讲解进行自我分析，查找自己的不足，思考如何完备自己的素质和能力。建议思考以下问题：

1. 创业对创业者在素质和能力方面有哪些要求？

2. 比照创业对创业者能力和素质的要求，进行自我素质和能力的分析。

3. 根据自己的实际情况，今后如何提升自己在各方面的能力和素质，并为自己的创业实践打造良好的基础？

教学建议

【授课建议】

结合本节讲授内容，回顾创业的概念，使学生对创业有更深的理解，明确创业与创业者之间的关系。强调创业的广义内涵，说明创业教育对个人职业生涯发展的重要意义。

在创业者能力和素质的讲解中，建议教师采用创业沙盘教学模拟系统中的五大训练体系，全面分析打造成功创业者的途径和方法。

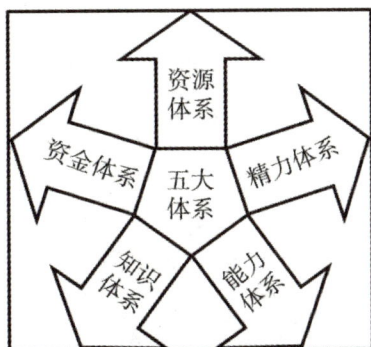

五大体系结构图

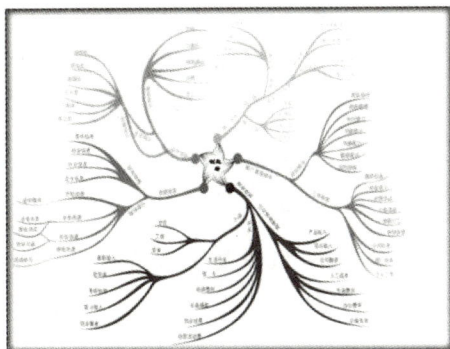

五大体系分解示意图

【考核建议】

本节内容的考核建议采用书面试题卷的形式（包括简答题、选择题），可与其他章节内容的书面试题卷一并考核。

【教学延展建议】

为了便于与第二节教学内容衔接，并使本节授课内容得以巩固，建议安排学生课后作业，并作为第二节授课的课前准备。

【作业建议】

1. 如何寻找创业合作者？

2. 如何进行创业团队的组建？

3. 如何使创业团队发挥整体的优势？

教学资源

《创业基础》示范教材、《创业基础教学手册》《创业基础》示范教材 PPT 课件、大学生创业模拟沙盘教学系统五大训练体系。

第二节　创业团队

教学目标

认识创业团队对创业成功的重要性，学习组建创业团队的思维方式及其对创业活动的影响，掌握管理创业团队的技巧和策略，认识创业团队领袖的角色与作用。

教学要点

创业团队是团队而不是群体。团队中成员所做的贡献是互补的，而群体中成员之间的工作在很大程度上是互换的。

创业团队是由两个以上具有一定利益关系、共同承担创建新企业责任的人组建形成的工作团队。

与个体创业相比较，团队创业具有多方面的优势，对创业成功起着举足轻重的作用。

依据不同逻辑组建创业团队既可能带来优势，也可能带来障碍，对后续创业活动会带来潜在影响。

创业团队管理的重点是维持团队稳定的前提下发挥团队多样性优势。

创业团队领袖是创业团队的灵魂，是团队力量的协调者和整合者。

教学逻辑

教师针对相同案例各选择一组学生进行讲解，其他学生参与到分享讲解中	教师基于小组案例讲解的实际情况，运用教材示范PPT课件讲解本节课程的相关内容	通过视频教学讲解创业团队的组织架构、领导者决策与行为策略、领导者的责任、成员分工	通过沙盘模拟训练的形式，让学生围绕某一创业项目组建团队并进行团队整体说明	教师总结本节课程的主要内容并进行课程延展

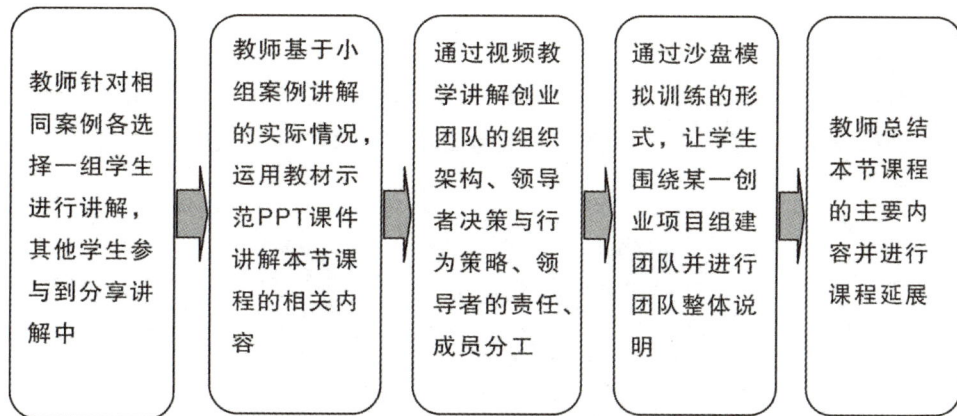

教学方法说明

教 学 内 容	教 学 方 法
教师针对相同案例各选择一组学生进行讲解，其他学生参与到分享讲解中	案例教学、师生互动
教师基于小组案例讲解的实际情况，运用教材示范PPT课件讲解本节课程的相关内容	案例教学、教学互动、PPT 讲解
通过视频教学讲解创业团队的组织架构、领导者决策与行为策略、领导者的责任、成员分工	视频教学、教学互动
通过沙盘模拟训练的形式，让学生围绕某一创业项目组建团队并进行团队整体说明	沙盘模拟、小组研讨、课堂展示
教师总结本节课程的主要内容并进行课程延展	课堂教学、课后作业

教学内容与方法详解

【课前准备】

教师准备

教师课前准备有关创业团队的最新案例，便于进行课程内容讲解的导入。

教师选取《中国合伙人》电影中与团队组建、领导者决策相关的视频片段进行课堂教学。

图 2-2 《中国合伙人》电影截图

学生准备

全班学生分小组完成作业，每组 3～4 人。

分小组准备《创业基础》教材创业实例《传奇的缔造者——王传福》案例，请学生主要从创业团队成员构成、团队管理现状、进一步优化团队的措施等角度分析、制作汇报文件。

分小组搜集、准备身边创业者的实例，并从创业团队的现状分析该创业团队的优劣势，厘清案例中团队的管理模式，明晰创业团队领导者角色以及创业团队的社会责任。

【课堂教学】

案例教学

· 教学方法

1. 教师针对王传福的事例以及学生身边的创业事例各选择一组学生进行

课堂展示讲解。

2. 其他各小组成员参与到案例的分享讲解当中，在讨论中让学生思考：

☆ 创业团队的定义是什么？怎样组建、管理创业团队？

☆ 如何进行创业团队的优劣势分析？

☆ 创业团队应有哪些社会责任？

围绕以上几个方面，在促使分析汇报内容更完善的基础上深入剖析创业团队。

• 教学内容

教师基于学生所做的创业团队案例分析，结合《创业基础》示范教材 PPT 课件，归纳创业团队的定义及其应有的特征。基于小组宣讲中关于创业团队优化的建议提出创业团队的组合策略，分析不同创业团队的优劣势。

一、创业团队及其对创业的重要性

（一）创业团队

创业团队是由技能互补、贡献互补的创业者组成的特殊群体，该群体在一个共同认同的、能使彼此担负责任的程序规范下，为达成高品质的创业结果而共同努力，相互协作、依赖，共同担当。

（二）创业团队对于创业的重要性

1. 知己知彼：一支优秀创业团队的所有成员都应该相互非常熟悉、知根知底。

2. 才华各异：优秀的创业团队应该是成员各有所长、相互补充、相得益彰。

3. 单一核心：创业团队中的带头人作为核心人物，是团队成员在合作共事的过程中发自内心认可的，具有远见、威望、魄力和决断力的人。

4. 目标一致：拥有共同的目标是团队区别于群体的重要特征。

5. 彼此信任：信任是解决分歧、达成一致的唯一途径。

二、创业团队的优劣势分析

（一）领袖型创业团队

创业团队中有一个核心人物充当"主导"角色。

（二）伙伴型创业团队

创业团队成员主要来自因为经验、友谊和共同兴趣而结缘的伙伴。

（三）核心型创业团队

这种创业团队是由群体伙伴型创业团队演化而来，基本上是前两种的中间形态。

三、组建创业团队的策略及其后续影响

（一）创业团队的组建原则

树立正确的团队理念，确立明确的团队发展目标，建立责、权、利相统一的团队管理机制。

1. 人数合理：一般而言，一个大学生创业团队的人数一般控制在 3～5 人为宜。

2. 技能互补：管理型人才、营销型人才、技术型人才。

3. 目标统一：目标在团队组建过程中具有特殊的价值。

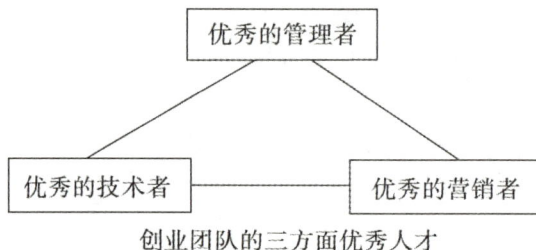

创业团队的三方面优秀人才

（二）创业团队的人员选择

1. 加入目的：在组建团队时，要选择那些有志于创业、注意企业的未来发展、目标远大的伙伴。

2. 兴趣爱好

3. 知识结构：在一支创业团队中，成员的知识结构越合理，创业的成功概率越大。

4. 价值观念：创业团队成员的价值观念和道德品质决定了企业文化的形成。

（三）创业团队的组建方式

1. 合伙制由合伙人订立合伙协议，共同出资、合伙经营、共享收益、共担风险，并对债务承担无限连带责任。

2.公司制是采取设立有限责任公司或股份有限公司的形式组建创业团队，运用公司的运作机制及形式进行创业。组建一个高效的创业团队是成功创业的基础。

视频教学

• 教学方法

选择播放《中国合伙人》两节有关创业团队片段。

• 教学内容

教师根据播放的视频片段内容，结合《创业基础》示范教材 PPT 课件讲解创业团队的组织架构、领导者决策与行为策略，领导者的责任。

四、创业团队的管理技巧和策略

创业团队管理的重点是在维持团队稳定的前提下发挥团队多样性优势。

（一）打造团队精神

团队精神是各个成员的精神支柱，是创业成功的基石。

1.重视团队精神

2.形成团队精神

第一，培养成员的敬业精神。

第二，建设学习型团队。

第三，建立竞争型团队。

3.塑造团队文化

高效的团队注重团队文化的塑造，尤其是共同价值观的培养。团队文化是由团队价值观、团队使命、团队愿景和团队氛围等要素综合在一起而形成的。

（二）设置创业团队的组织架构

1.权责分明：团队的任何一项工作都离不开其他人的配合，只有协作配合好，才能顺利完成管理工作。

2.分工适当：在设置不同组织结构时，分工要适当。

3.适时联动：适时联动是为了完成特定任务，成立打破部门分工、跨越部门职能的专门工作小组。

适时联动模式适用于已经具有一定规模的大学生企业。

（三）优化创业团队的运作机制

1. 做好决策权限分配：创业团队内部需要妥善处理各种权力和利益关系，确定谁适合于从事何种关键任务和谁对关键任务承担什么责任。

2. 制定员工激励办法：新创团队需要妥善处理创业团队内部的利益关系。

3. 建立业绩评估体系：业绩考核必须与个人的能力、团队的发展、扮演的角色和取得的成绩结合起来。

五、创业团队领导者角色与行为策略

创业团队领导者是创业团队的灵魂。

（一）项目策划

创业团队领导者是项目策划的召集人和组织者。

（二）组织实施

创业团队领导者在制订行动计划后，要组织团队成员去实施。

（三）提高领导力

创业团队领导者是一个指挥员，要精明果断，根据具体情况设计出最佳的组织结构形式。

（四）加强控制

控制是指根据既定的目标不断跟踪和修正所采取的行为，以实现预想的目标或业绩。

六、创业团队的社会责任

创业团队在创造利润和对团队成员及股东承担法律责任的同时，还要承担对企业员工、消费者、社区和环境的责任。

（一）承担并履行好经济责任

尽可能扩大销售，降低成本，正确决策，保证利益相关者的合法权益。

（二）承担并履行好法律责任

创业团队的所有行动都要遵守法律、法规。

（三）承担并履行好公益责任

创业团队应努力使自己的企业运营活动、产品及服务对社会产生积极影响和作用。

【教学训练】

训练说明

以大学生创业模拟沙盘训练的形式模拟创业团队的组建并进行客观分析，让学生们明白如何有效组建创业团队，实现创业项目启动。大学生创业模拟沙盘训练教学体系的沙盘盘面完全模拟在校学生创业环境，学生个体通过明确创业方向、在沙盘推演中提升自己相应的知识、能力，获取相应的创业信息和资源。推演结束，学生根据自身条件自由组建创业团队，说明团队结构、成员构成以及知识、能力、信息、资源整合状况，并就创业项目初期如何进行启动进行简要概述。

训练步骤

1. 大学生创业模拟沙盘训练背景的搭建应体现以下几个方面：

(1)大学生创业模拟沙盘训练背景的搭建要与校园实际情况相结合。

(2)大学生创业者自我发展方面可以考虑以下内容：

  √ 创业者的知识结构中应体现其生产研发、经营管理、市场营销、外语知识、信息技术、财务金融、人文艺术等方面的内容。

  √ 创业者的能力结构中应体现学习能力、创新能力、沟通能力、自我管理能力、执行能力、组织能力、勤奋敬业能力、团队协作能力等方面的内容。

  √ 创业者的其他技能方面应体现汽车驾驶、商务礼仪等。

(3)大学生创业准备方面可以考虑以下内容：

  √ 创业项目方面，可以通过社会实习、教研活动等与社会接触的活动获取创业信息，在随机获取的信息卡中根据自身的发展情况选择相匹配的创业项目。

  √ 启动资金方面，可以通过以下渠道获取：社会实习、社会兼职、奖学金、学校创业扶持资金、亲朋好友资助等。

  √ 经营场所方面，可以通过搜集所在地经济开发区、创业园、科技园、创业孵化园、本校创业基地进行了解。

  √ 扶持政策方面，可以关注国家、当地政府、本校的创业扶持政策信息。

2. 大学生创业模拟沙盘训练中应体现以下几个方面：

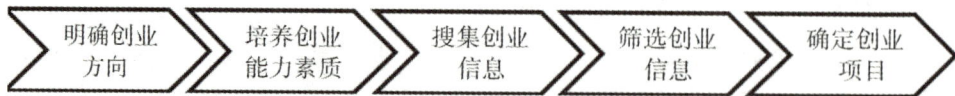

明确创业方向 ▶ 培养创业能力素质 ▶ 搜集创业信息 ▶ 筛选创业信息 ▶ 确定创业项目

(1)在大学生创业模拟沙盘训练中，学生首先要设定自己的创业方向，明确创业必须达到的要求，在此基础上关注自己的创业素质和能力的培养、创业信息的搜集与筛选、创业团队的组建方向。

(2)创业者的知识结构要完整且知识应当有所专长，同时各方面的知识程度还需要达到相应的等级(等级越高，知识水平越高)。如准备在研发领域进行创业的学生要注重自己生产研发知识的学习，同时也要协调其他各方面的知识。知识可以通过参加学习、培训、听讲座等渠道进行提升。

(3)创业者的能力结构要完整且应当有突出的专项能力，同时各方面的能力需要达到相应的点数(点数越大，能力越强)。如准备在市场营销领域进行创业的学生要注重自己沟通能力、团队协作能力的培养，同时协调其他各方面能力的培养。能力可以通过参加学校社团活动、教研活动、校外社会实习等渠道进行锻炼。

(4)创业信息要体现其获得和筛选的方法。大学生创业模拟沙盘教学系统中，创业信息包括创业项目信息、资金信息、经营场所信息、扶持政策信息、人脉信息等。创业信息的筛选要围绕选择的创业项目进行，同时要满足创业项目运营的整体要求。

(5)在推演过程中，学生应根据创业的整体要求选择自己的创业项目、通过培训、参加教研任务、进行实习、兼职、组织或参加社团活动、信息的收集以及学习相应的知识，提升相应的能力、筛选相应的创业信息，实现自我知识、能力、资源的优化。

(6)教学实施：按照《大学生创业模拟沙盘教学手册》进行教学推演。

3. 大学生创业模拟沙盘训练团队组建：

(1)学生根据自己推演的结果、围绕创业项目进行组建团队，以3～4人为宜，实现团队的创业。在组建团队过程中，应注意团队成员在知识、能力、资源结构上的互补性和整体性，满足整体创业的目标。

(2)根据创业团队的组合情况，分析自己团队的现状(包括团队结构、成员构成、团队整体知识、能力、资源结构），总结在团队组建过程中的经验与不足，围绕团队的创业项目，说明创业初期如何进行启动，以此制作汇报文件进行展示。

图 2-3　创智汇德大学生创业素质训练沙盘训练现场

4. 大学生创业模拟沙盘训练团队组建的评价：

教师根据团队以及团队成员结构上的完整性进行点评。结合本节课程内容总结说明：

（1）如何有效地组建创业团队？

（2）如何对创业团队进行优劣势分析？

（3）在团队现有的基础上怎样进行优化调整？

（4）怎样根据现有的团队、信息、资源进行创业启动？

创业团队信息							
	编号	专业	能力	知识	股权	职务	创业团队与项目匹配度
发起者							
合 伙 人							

图 2-4　创智汇德大学生创业素质训练沙盘训练工具——《创业团队信息表》

教学建议

1. 教师应力求应用学生身边案例、沙盘模拟教学演练的方式进行创业者与创业团队的讲解，使学生从以往对创业"神话"的认知中转化到现实的平常的创业感受，消除学生对创业的恐惧感和非理性冲动。

2. 针对沙盘模拟训练，教师评价可在本节独立进行，也可在第五章创业计划书中一并评价。

教学资源

《创业基础》示范教材、《创业基础教学手册》《创业基础》示范教材 PPT 课件、《中国合伙人》片段教学视频、大学生创业模拟沙盘教学系统、《大学生创业模拟沙盘教学手册》。

第三章　创业机会与创业风险

本章教学目标

认知创业机会。

了解机会与创意之间的区别。

了解创业机会的评价。

掌握创业机会的评价方法。

认识创业风险，增强学生对创业风险的理性认识，提高防范风险的能力。

认识商业模式的本质，掌握商业模式的设计和开发的思路，明确商业模式的关键影响因素。

本章教学要点

【创业机会】
【创业风险】
【商业模式】

本章教学逻辑图

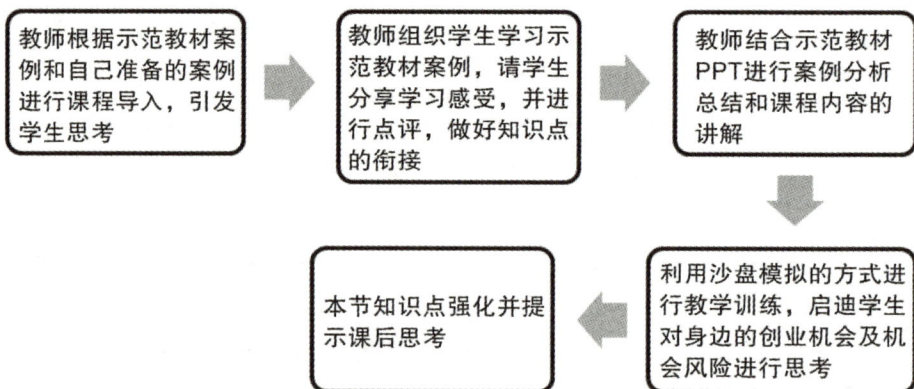

教师根据示范教材案例和自己准备的案例进行课程导入，引发学生思考

教师组织学生学习示范教材案例，请学生分享学习感受，并进行点评，做好知识点的衔接

教师结合示范教材PPT进行案例分析总结和课程内容的讲解

利用沙盘模拟的方式进行教学训练，启迪学生对身边的创业机会及机会风险进行思考

本节知识点强化并提示课后思考

第一节　创业机会识别

教学目标

认知创业机会的概念、来源和类型；了解创意与机会之间的联系和区别；了解识别创业机会的一般步骤与影响因素；习得有助于识别创业机会的行为方式。

教学要点

创意包含了一定的想法或概念，其是否具有商业价值存在不确定性。

创业机会是具有商业价值的创意，表现为特定的组合关系。

创业机会来自于一定的市场需求和变化。

识别创业机会受到历史经验等多种因素的影响。

识别创业机会是思路和探索互动反复，并将创意进行转变的过程。

▸▸ 教学逻辑

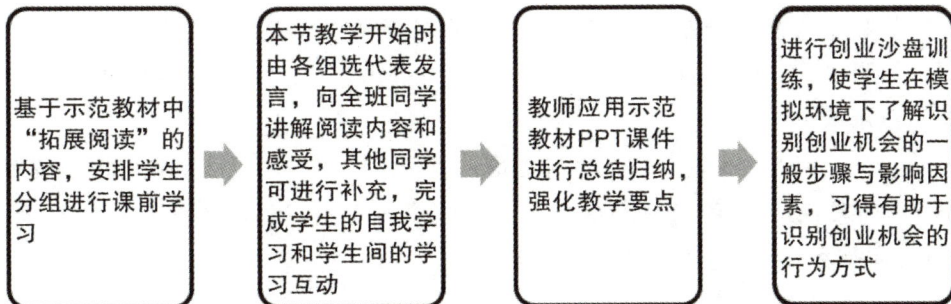

基于示范教材中"拓展阅读"的内容，安排学生分组进行课前学习 → 本节教学开始时由各组选代表发言，向全班同学讲解阅读内容和感受，其他同学可进行补充，完成学生的自我学习和学生间的学习互动 → 教师应用示范教材PPT课件进行总结归纳，强化教学要点 → 进行创业沙盘训练，使学生在模拟环境下了解识别创业机会的一般步骤与影响因素，习得有助于识别创业机会的行为方式

教学方法说明

教 学 内 容	教 学 方 法
基于示范教材中"拓展阅读"的内容，安排学生分组进行课前学习	分组自学
本节教学开始时由各组选代表发言，向全班同学讲解阅读内容和感受，其他同学可进行补充，完成学生的自我学习和学生间的学习互动	案例教学、课堂讨论、学生互评
教师应用示范教材 PPT 课件进行总结归纳，强化教学要点	师生互动、PPT 讲解
进行创业沙盘训练，使学生在模拟环境下了解识别创业机会的一般步骤与影响因素，习得有助于识别创业机会的行为方式	沙盘模拟、角色扮演

教学内容与方法详解

【课前准备】

教师准备

教师根据《创业基础》示范教材和 PPT 课件，结合本校学生状况，在教材案例的基础之上准备 2～3 个更贴近学生实际的创业机会案例作为课堂应用资料。以此引发学生对创业机会的初步认知与思考。

教师可参考《创业基础》示范教材第一章"课外练习—思考讨论"的习题："如果以你所在学校师生为潜在消费者，请思考校园内存在哪些较好的创业机会？"

提示

在准备拓展案例时，建议教师考虑与新技术应用、模式创新和区域经济发展、产业结构升级有关的热点案例，如微信的应用、节能环保、食品安全、3D 打印技术的应用、移动互联网的应用等方面的创业案例。

【课堂教学】

课程导入

教师运用示范教材中的案例和课前准备的教学案例进行说明。安排学生分组对案例进行学习、讨论，思考以下问题：

☆ 如何挖掘创业机会？

☆ 创业机会的创造方式有哪些？

☆ 如何更好地把握创业机会？

☆ 如何寻找适合社会发展趋势的创业机会？

☆ 如何将一个创意转化成为一个创业机会？

教师点评应注意以下几个方面：

☆ 案例中创业机会具有哪些创意和创新？

☆ 创业机会把握了哪些市场需求？

☆ 市场商机当中包含了哪些创业机会，创业机会的选择是如何切入到市场商机中的？

• 教学要点

教师引导学生关注社会发展，关注市场需求，善于发现身边的商业机会并将其转化为创业机会。

• 教学内容

教师运用《创业基础》示范教材 PPT 课件讲解创业机会的含义以及创业机会与创意、商业机会的区别。

一、创意与机会

创意作为名词是指具有创业指向，同时具有创新性甚至原创性的想法；作为动词是指将问题或需求转化成逻辑性架构，让概念物象化或程序化的形成过程。

机会是未明确的市场需求或未使用的资源或能力。

二、创业机会与商业机会

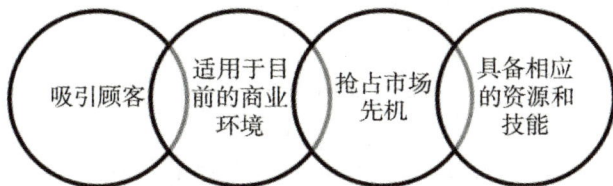

吸引顾客　　适用于目前的商业环境　　抢占市场先机　　具备相应的资源和技能

创业机会是具有商业价值的创意，是一种特殊的商业机会。

创业机会都要比一般的商业机会更具有创新性甚至创造性。

创业机会与商业机会之间并不存在严格的界限。

好的创业机会有以下四个特征：第一，它很能吸引顾客；第二，它能在你的商业环境中行得通；第三，它必须在"机会之窗"敞开期间被实施（机会之窗是指创意推广到市场上去所花的时间，若竞争者有了同样的思想，并已把产品推向市场，那么机会之窗也就关闭了）；第四，必须有资源（人、财、物、信息、时间）和技能才能创立业务。

案例分析一

• 教学方法

教师组织学生分组研讨示范教材案例《凡客诚品》，探讨创业机会的分类及从不同角度对创业机会的划分。

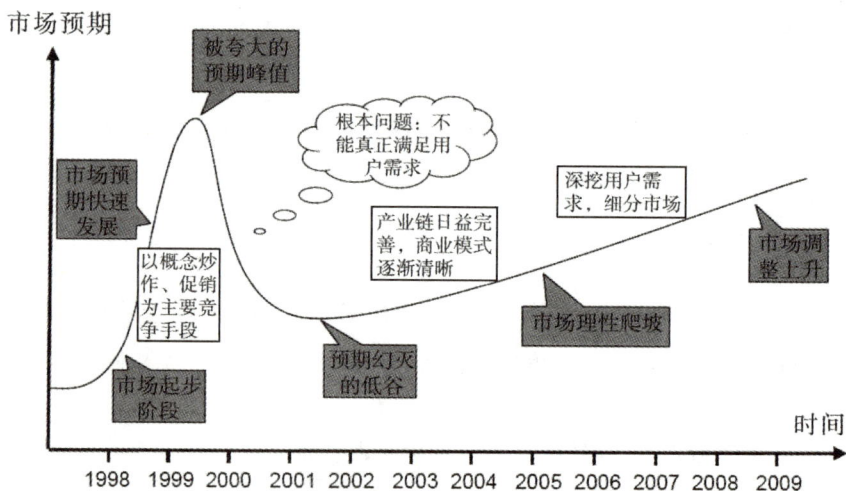

图 3-1 中国 B2C 网上零售市场炒作周期①

---

① "B2C"是 Business-to-Customer 的缩写，即电子商务中的"商家对顾客"模式。图片来自百度图片。

基于示范教材《凡客诚品》案例和其他电商运营模式的案例（京东商城、淘宝网等），请学生提出以某案例的全套运营流程为背景存在的创业机会。如推广环节、支付环节、物流环节、客服环节、评价环节等。

• 教学内容

教师运用《创业基础》示范教材 PPT 课件讲解创业机会的特征与类型。

三、创业机会的分类

（一）根据创业机会的来源将创业机会分为问题型机会、趋势型机会和组合型机会三种类型。问题型机会，指的是由现实中存在的未被解决的问题所产生的一类机会；趋势型机会，是在变化中能看到未来的发展方向，能预测到将来的潜力和机会；组合型机会，是将现有的两项以上的技术、产品、服务等因素组合起来，实现新的用途和价值而获得的创业机会。

（二）根据目的—手段关系的明确程度，将创业机会分为识别型（目的—手段关系明确）、发现型（目的—手段关系有一方不明确）和创造型（目的—手段关系均不明确）三种类型。识别型机会是指市场中的目的—手段关系十分明显时，创业者可通过目的—手段关系的连接来辨识机会；发现型机会则指目的或手段

任意一方的状况未知，等待创业者去发掘机会；创造型机会指的是，目的和手段皆不明朗，因此创业者要比他人更具先见之明，才能创造出有价值的市场机会。

四、创业机会的来源

产生创业机会的四种变革，分别是技术变革、政治和制度变革、社会和人口结构变革以及产业结构变革。变化是创业机会的重要来源，没有变化，就没有创业机会。

案例分析二

•教学方法

教师组织学生分组研讨示范教材案例《为了自己建站的朋友》，选4～5名学生分享自己的感触与收获，探讨创业机会识别的因素、过程与机会识别的技巧。

•教学内容

教师运用《创业基础》示范教材 PPT 课件讲解影响创业机会识别的关键因素、创业机会识别的一般过程和识别创业机会的行为技巧。

五、影响机会识别的关键因素

先前经验：在特定产业中的先前经验有助于创业者识别机会。

社会关系网络：个人社会关系网络的深度和广度影响着机会识别。

创造性：机会识别是一个创造过程，是不断反复的创造性思维过程。

六、识别创业机会的一般过程

创业机会识别是创业者与外部环境(机会来源)互动的过程。

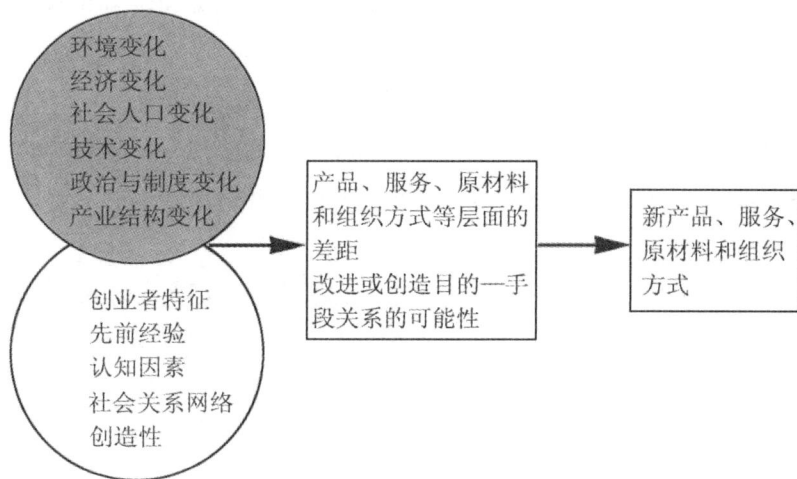

七、识别创业机会的行为技巧

(一)通过系统分析发现机会。多数机会都可以通过系统分析得到发现。人们可以从企业的宏观环境(政治、法律、技术、人口等)和微观环境(顾客、竞争对手、供应商等)的变化中发现机会。

(二)通过问题分析和顾客建议发现机会。一个有效并有回报的解决方法对创业者来说是识别机会的基础。

(三)通过创造获得机会。这种方法在新技术行业中最为常见,它可能始于明确拟满足的市场需求,从而积极探索相应的新技术和新知识,也可能始于一项新技术发明,进而积极探索新技术的商业价值。

【教学训练】

图 3-2 在创智汇德大学生创业素质沙盘训练中,同学们正在根据市场信息进行分析

应用沙盘教学的方式，模拟发现创业机会、分析创业机会和把握创业机会的推演，组织学生进行演练。

1. 沙盘模拟环境的构建应注重以下要点：

(1)模拟环境的设置应体现大学生创业所处的校园环境、专业环境、行业环境和社会环境，在该环境下存在多种创业机会，诱导学生通过接触社会，在实践中发现创业机会；

(2)针对创业机会，应分类进行设置。如新技术应用类、市场热点类、社会问题解决类、模式创新类、样板模仿类等。

2. 沙盘模拟演练中应体现以下要点：

(1)强调创业机会的发现存在于学生与外界的接触当中，诱导学生通过大学生力所能及的各项活动，如参加实习、参与教研、加入社团、开展社会实践等方式发现创业机会；

(2)针对不同类型的创业机会，诱导学生结合自身的专业特点、知识结构、能力结构等进行创业机会的分析，进而确定把握创业机会的方向；

(3)在学生的训练中，应能体现本节的教学内容，强化教学中所涉及的知识，锻炼相应的能力。教师应诱导学生在训练中通过角色扮演建立竞争关系、合作关系，在竞争与合作中锻炼学生的创业精神与创业能力。

【教学总结】

学生应针对所获得的多种创业机会，结合自身条件进行分析与筛选，使有利于自身的机会能够进行整合，从而挖掘出创业项目。

教师组织学生在模拟训练后进行总结分享，在分享过程中应进一步强化教学要点，实现本节的教学目标。

▸▸ 教学建议

本节内容所讲授的创业机会是大学生创业实践的首要环节，也是学生对创业普遍关注的核心内容，所以本节的教学效果在追求知识传授与能力训练的同时，更应注重调动学生对创业的关注与参与热情，营造出积极向上的创业氛围，对后几章教学与训练的展开起到引领作用。

在本节教学中，教师应结合示范教材、配套 PPT 课件，采用案例分析、小组研讨的方式进行知识传授；通过创业沙盘进行角色扮演式的模拟训练，让学生在体验中巩固所学知识，锻炼创业技能，营造创业教育的学习氛围。

【考核建议】

本节知识的考核建议采用书面试题卷的形式（包括简答题、选择题和案例分析题），可与其他章节内容的书面试题卷一并考核。

本节对于学生创业机会获取能力的考核通过模拟训练的形式，以训练结果为考核依据，学生在本节教学训练中所获得的创业机会作为其未来模拟创业的基础，并最终纳入所在创业团队的项目经营计划中，作为创业计划评估的要素之一。

【教学延展建议】

教师在教学中应考虑到创业机会、创业项目、创业团队、创业计划之间的关联，在其他相关章节的知识讲授中，应提示创业机会的把握和创业能力的提升。同时在本章的授课与训练过程中，应把握创业机会对创业资源、创业资金、创业计划、创业团队等相关知识的启发与衔接。

为了便于与第二节教学内容衔接，并使本节授课内容得以巩固，建议安排学生课后作业，并作为第二节授课的课前准备。

【作业建议】

某外来务工人员欲在你居住的小区设置一个早点摊，请你针对早点摊的设置提出系统性的建议（如消费人群方面、消费时间段方面、消费能力方面、产品设置方面、服务要求方面等）。

教学资源

《创业基础》示范教材、《创业基础教学手册》《创业基础》示范教材 PPT 课件、大学生创业模拟沙盘教学系统。

第二节 创业机会评价

教学目标

认识有商业潜力和适合自己的创业机会；了解创业机会的评价；掌握创业机会评价的方法。

教学要点

有价值的创业机会具有价值性、时效性等基本特征；

判断创业机会是否适合自己的主要依据在于机会特征与个人特质的匹配；

机会评价有利于应对并化解环境的不确定性；

常规的市场研究方法不一定完全适用于创业机会评价，尤其是原创性创业机会的评价。

▸ 教学逻辑

学生分组学习并探讨示范教材中的《创业机会评价框架》，教师对学生学习结果进行点评，引入课程 ➡ 教师结合示范教材，利用PPT讲解的教学方法进行相关知识的讲授

教师进行知识点总结，巩固课程内容 ⬅ 教师利用沙盘模拟训练的方法，引导学生根据示范教材相关知识对学生的模拟训练进行指导，针对训练当中的创业机会进行评估

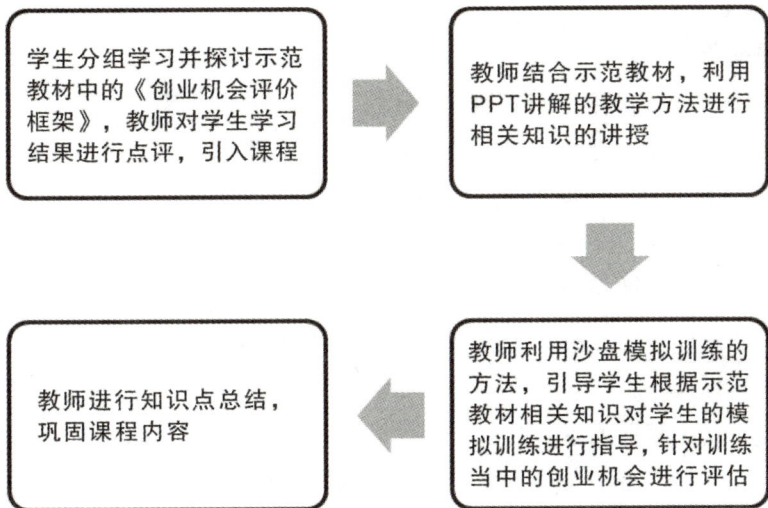

▸ 教学方法说明

教 学 内 容	教 学 方 法
学生分组学习并探讨示范教材中的《创业机会评价框架》，教师对学生学习结果进行点评，引入课程	分组自学、案例教学、师生互动
教师结合示范教材，利用PPT讲解的教学方法进行相关知识的讲授	PPT讲解、师生互动、课堂讨论
教师利用沙盘模拟训练的方法，引导学生根据示范教材相关知识对学生的模拟训练进行指导，针对训练当中的创业机会进行评估	沙盘模拟、角色扮演、实践训练
教师进行知识点总结，巩固课程内容	教师总结、课程延展

教学内容与方法详解

【课前准备】

教师准备

教师运用示范教材中的扩展阅读《创业机会评价框架》，安排学生分组对《创业机会评价框架》进行学习、讨论，思考下列问题：

☆ 创业机会的影响因素有哪些？

☆ 如何对创业机会进行分类？

教师针对上节课布置的作业"某外来务工人员欲在你居住的小区设置一个早点摊，请你针对早点摊的设置提出系统性的建议"，请3～4组学生代表发言，教师进行点评。

提示：点评要点如下

☆ 小区内的市场环境及项目核心竞争力分析

☆ 在市场环境下的收益预期

☆ 其他影响因素对销售的影响（如原材料成本上涨等）

☆ 销售策略

☆ 是否为合格的创业机会

早点摊位分析指导

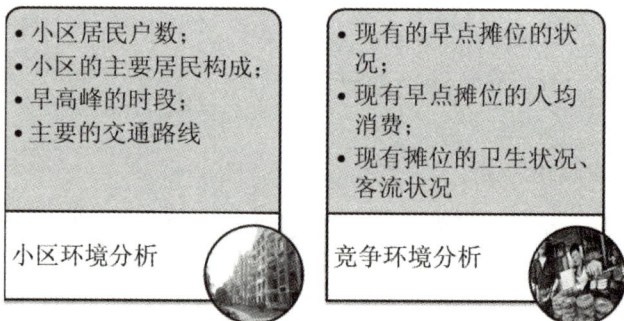

- 小区居民户数；
- 小区的主要居民构成；
- 早高峰的时段；
- 主要的交通路线

小区环境分析

- 现有的早点摊位的状况；
- 现有早点摊位的人均消费；
- 现有摊位的卫生状况、客流状况

竞争环境分析

【课堂教学】

课程导入

教师根据《创业基础》示范教材和 PPT 课件，结合本校学生状况，准备 2～3个更贴近学生实际的创业机会作为课堂应用资料。并通过对创业机会的整体分析引发学生对创业机会特征及评价的认知与思考。

建议教师考虑贴合大学生活的创业机会（如高教园区休闲服务设施运营，高校社团活动的组织代理，淘宝体验店等），引导学生在专业知识的基础上进行创业机会的选择与思考，提示学生在考虑个人的知识状况、能力状况、资源状况、资金状况的情况下选择与自身发展相匹配的创业机会。

• 教学要点

教师引导学生关注社会发展和市场需求，基于大学生自身的职业规划和条件进行创业机会的评价以及符合自身发展的创业机会的判断。

• 教学内容

一、有价值创业机会的基本特征

1. 有吸引力；2. 持久性；3. 及时性；4. 依附于为买者或终端用户创造或增加价值的产品、服务或业务。对于创业者来说，关键在于如何能够从众多机会中找寻出真正有价值的创业机会，并采取快速行动来把握机会。

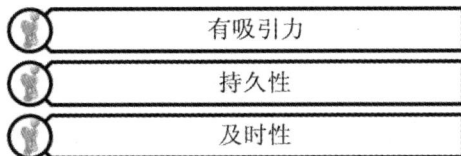

二、个人与创业机会的匹配

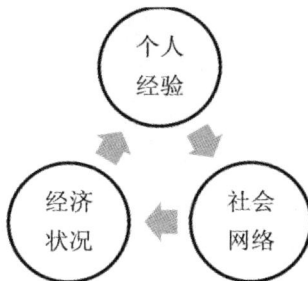

如何才能判断创业机会是否适合自己，至少需要从个人经验、社会网络、经济状况三个方面评价。在个人经验层面，要考虑以前的工作和生活经验是否能够支撑后续开发创业机会所必需的知识和技能。在社会网络层面，要考虑自己身边认识、熟悉的人能否支撑后续开发机会所必需的资源和其他因素。在经济状况层面，要重点考虑的是能否承受从事创业活动而带来的机会成本。创业活动是创业者与创业机会的结合，其核心观点是，一方面，创业者识别并开发创业机会；另一方面，创业机会也在选择创业者，只有创业者和创业机会之间存在着恰当的匹配关系时，创业活动才最可能发生，也更可能取得成功。

三、创业机会评价的特殊性

创业者对机会的评价来自于他们的初始判断，而初始判断简单地说，就是假设加上简单计算。假设加上简单计算只是创业者对机会的初始判断，进一步的创业行动还需依靠调查研究，对机会价值做进一步的评价。市场测试可以说是一种比较特殊的市场调查，是创业者的必修课程。

四、创业机会评价的技巧和策略

一方面，可以从收益—成本框架出发评价创业机会的价值创造潜力，判断值不值得追求所发现的创业机会；另一方面，可以从个体—创业机会框架出发评价创业机会价值实现的可能性，判断个体能不能够真正把握并实现创业机会的价值。

在现实创业活动中，创业者不太可能按照框架中的指标对创业机会一一做出评价，而仅会选择其中若干要素来判断创业机会的价值，从而使得创业者的机会评价表现为主观感觉而非客观分析的过程。

【教学训练】

应用沙盘教学的方式，模拟创业机会的评价、创业机会与职业生涯规划的匹配、创业机会的分析与认知等推演，组织学生进行演练。

图 3-3　创智汇德大学生创业素质训练沙盘训练现场

☆ 沙盘模拟环境的构建应注重以下要点：

1. 模拟环境的设置应体现大学生创业所处的校园环境、专业环境、行业环境和社会环境，在该环境下存在多种创业机会，诱导学生通过接触社会，在实践中发现创业机会。

2. 学生可结合不同创业机会类型，选择不同的创业机会评价要素，从各个不同维度实现创业机会评价。

☆ 沙盘模拟演练中应体现以下要点：

1. 学生根据自己在上节课沙盘推演的结果进行总结与盘点。按照一定的顺序随机抽取创业信息卡，选择与自身知识状况、能力状况、资源状况、资金状况相匹配的创业信息。重点引导学生参照创业机会的要素对自身进行综合盘点。

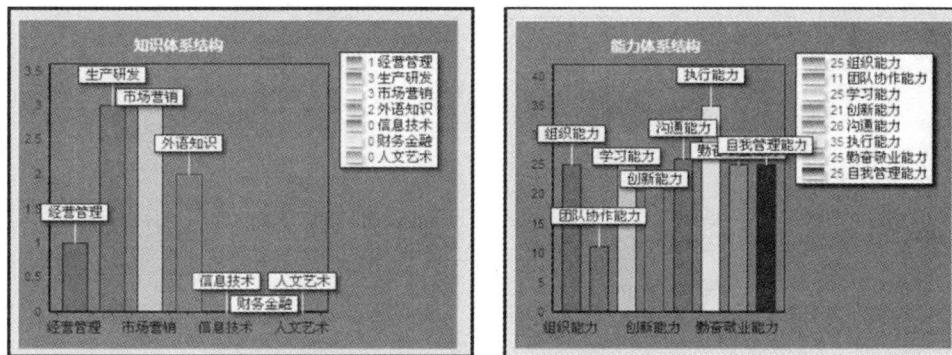

图 3-4　创智汇德大学生创业素质训练沙盘学生训练结果图示

2. 一个适合大学生创业的机会应包含一个完整的项目运营计划。一个可行的项目运营计划需要大量的资源支撑，这些资源包括：项目资源、市场需求资源、团队资源、场地资源、资金、产品供应资源、代理销售资源、物流资源、客服资源、其他优惠资源等。

创业计划书(简化表)

<table>
<tr><td colspan="14">创业者信息</td></tr>
<tr><td>发起者</td><td></td><td>编号</td><td></td><td>专业</td><td></td><td>能力</td><td></td><td>知识</td><td></td><td>股权</td><td></td><td>职务</td><td></td></tr>
<tr><td rowspan="3">创业合伙人</td><td></td><td>编号</td><td></td><td>专业</td><td></td><td>能力</td><td></td><td>知识</td><td></td><td>股权</td><td></td><td>职务</td><td></td></tr>
<tr><td></td><td>编号</td><td></td><td>专业</td><td></td><td>能力</td><td></td><td>知识</td><td></td><td>股权</td><td></td><td>职务</td><td></td></tr>
<tr><td></td><td>编号</td><td></td><td>专业</td><td></td><td>能力</td><td></td><td>知识</td><td></td><td>股权</td><td></td><td>职务</td><td></td></tr>
<tr><td colspan="14">创业项目信息</td></tr>
<tr><td>项目名称</td><td colspan="8"></td><td colspan="2">项目难度</td><td colspan="3"></td></tr>
<tr><td>创业类型</td><td colspan="13">领域　　□ 生产研发领域　　□ 营销服务</td></tr>
<tr><td colspan="14">创业计划说明</td></tr>
<tr><td>项目背景与市场需求</td><td colspan="13"></td></tr>
<tr><td rowspan="2">创业资金</td><td colspan="13">可筹集资金共计：________。
其中，自有资金：________；
亲友资助：________；
银行贷款：________；
扶持资金：________；
奖励资金：________。</td></tr>
<tr><td colspan="13">拟注册资本金：________。</td></tr>
<tr><td rowspan="2">经营场所</td><td colspan="13">□ 经济开发区(48000 元/年)　□ 创业园(24000 元/年)
□ 科技园(30000 元/年)
□ 孵化园(12000 元/年)　□ 本校创业基地(6000 元/年)</td></tr>
<tr><td colspan="13">场所选择说明：</td></tr>
<tr><td rowspan="3">扶持政策</td><td colspan="13">□ 照章纳税　□ 税收优惠</td></tr>
<tr><td colspan="13">税收优惠说明：</td></tr>
<tr><td colspan="13">其他政策说明：</td></tr>
</table>

主要经营环节	研发	☐ 自主研发　　　　　　　　　　☐ 合作研发 ☐ 代理研发
		选择说明:
	生产	☐ 自主生产　　　　　　　　　　☐ OEM 委托生产 ☐ 市场采购
		选择说明:
	推广	策略说明:
	销售	策略说明:
	物流	策略说明:
	客服	策略说明:
核心竞争力说明		
不足及弥补措施		

3. 学生参照创业项目经营计划的构成要素对创业信息进行分析、筛选、整合，选择适合自己的创业项目，形成符合自身发展的创业机会。

图 3-5　创业资源示意图

【教学总结】

教师根据示范教材教学内容和沙盘教学训练使学生对创业机会的含义有深刻认知，并能据此对身边存在的创业机会有一定理性思考。

教学建议

本节内容所讲授的创业机会是大学生创业实践的重要环节，也是学生对创业普遍关注的核心内容，所以本节的教学效果在追求知识传授与能力训练的同时，更应注重调动学生对创业的关注与参与热情，营造出积极向上的创业氛围，对后几章教学与训练的展开起到引领作用。

在本节教学中，教师应结合示范教材、配套 PPT 课件，采用案例分析、小组研讨的方式进行知识传授；通过创业沙盘进行角色扮演式的模拟训练，让学生在体验中巩固所学知识，锻炼创业技能，营造创业教育的学习氛围。

【考核建议】

本节知识的考核建议采用书面试题卷的形式（包括简答题、选择题和案例分析题），可与其他章节内容的书面试题卷一并考核。

本节对于学生创业机会获取能力的考核通过模拟训练的形式，以训练结果为考核依据，学生在本节教学训练中所获得的创业机会作为其未来模拟创业的基础，并最终纳入所在创业团队的项目经营计划中，作为创业计划评估的要素之一。

【教学延展建议】

在此环节的沙盘模拟演练中，建议教师对创业机会评价环节进行综合考虑。使创业机会在"创业项目运营计划书设计""创业团队组建""创业计划书团队宣讲"以及"创业信息筛选"四个环节的评价相关联，引导学生建立对创业机会评价的系统思维，能够对创业机会进行客观评价，认知创业机会的评价流程。

教师在教学中应考虑到创业机会、创业项目、创业团队、创业计划之间的关联，在其他相关章节的知识讲授中，应提示创业机会的把握和创业能力的提升的关系。

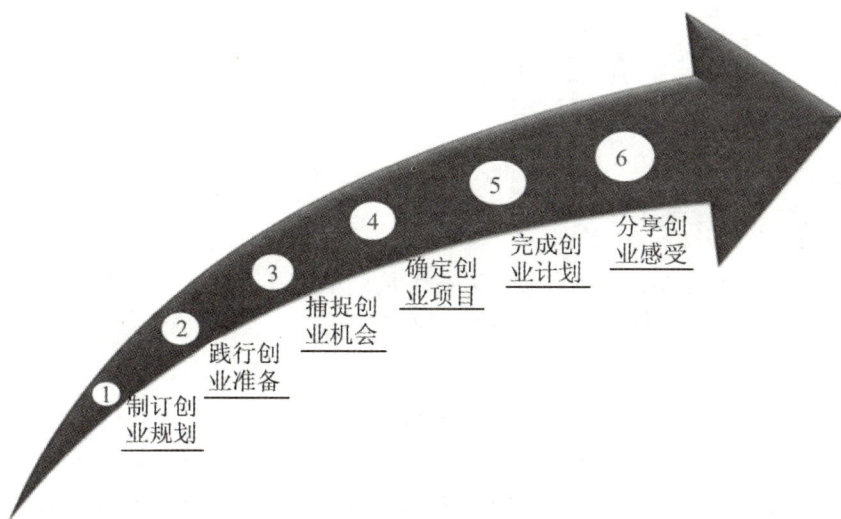

图 3-6　沙盘推演环节示意图

　　为了便于与第二节教学内容衔接，并使本节授课内容得以巩固，建议安排学生课后作业，并作为第三节授课的课前准备。

【作业建议】

1. 寻找身边的创业机会，进行分析。

2. 根据自己在课堂上筛选出的创业信息卡组成项目运营计划。

3. 尝试寻找项目运营过程中可能出现的风险。

4. 就自己认为可能出现的创业风险寻找解决办法。

教学资源

　　《创业基础》示范教材、《创业基础教学手册》《创业基础》示范教材 PPT 课件、大学生创业模拟沙盘教学系统。

第三节　创业风险识别

教学目标

　　认识到创业有风险，但也有规避风险的方法；增强学生对创业风险的理性认识，提高防范风险的能力。

教学要点

　　有价值的创业机会也是有风险的。

　　创业风险分为系统风险与非系统风险。系统风险主要是创业环境中的风险，诸如商品市场风险、资本市场风险等；非系统风险是指创业者自身的风险，诸如技术风险、财务风险等。

　　机会风险中，一些是可以预测的，另一些是不可预测的。

　　创业者需要结合对机会风险的估计，努力防范和降低风险。

▸▸ 教学逻辑

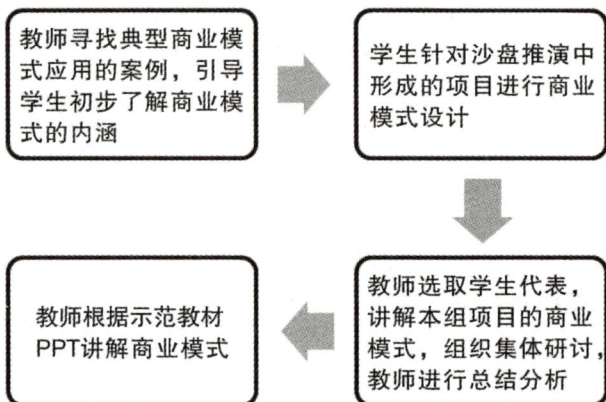

教师寻找典型商业模式应用的案例，引导学生初步了解商业模式的内涵　➡　学生针对沙盘推演中形成的项目进行商业模式设计

教师根据示范教材PPT讲解商业模式　⬅　教师选取学生代表，讲解本组项目的商业模式，组织集体研讨，教师进行总结分析

教学方法说明

教 学 内 容	教 学 方 法
教师寻找典型商业模式应用的案例，引导学生初步了解商业模式的内涵	案例教学
学生针对沙盘推演中形成的项目进行商业模式设计	沙盘模拟，小组研讨
教师选取学生代表，讲解本组项目的商业模式，组织集体研讨，教师进行总结分析	课堂互动
教师根据示范教材 PPT 讲解商业模式	PPT 讲解

教学内容与方法详解

【课前准备】

教师准备

采访一个本校毕业成功创业的学生，了解其在创业过程中遇到的创业风险及应对策略，使学生对于创业风险的认识具有贴近性。

学生准备

针对本章第二节所留课后思考题"1. 寻找身边的创业机会，进行分析。2. 根据自己在课堂上筛选出的创业信息卡编制项目运营计划。3. 尝试寻找项目运营过程中可能出现的风险。4. 就自己认为可能出现的创业风险寻找解决办法"，由学生分组（每组 3～4 人）选择典型案例进行研讨，教师对讨论结果进行点评。

点评要点提示：

☆ 什么是创业风险？学生提出的项目运营中的问题是否属于创业风险？

☆ 创业机会风险都由哪些要素构成？

☆ 创业机会风险的来源有哪些？

☆ 能否对这些机会风险进行一定的客观管理？

【课堂教学】

课程导入

教师组织学生以小组为单位学习示范教材中的案例《高技术创业面临的风险》，引导学生思考其创业项目中可能产生的创业风险与案例中风险在本质上的异同。

提示：教师在进行课程导入时，应考虑到创业风险产生与创业项目运营的薄弱环节、商业模式的设计等因素有一定的关联性。

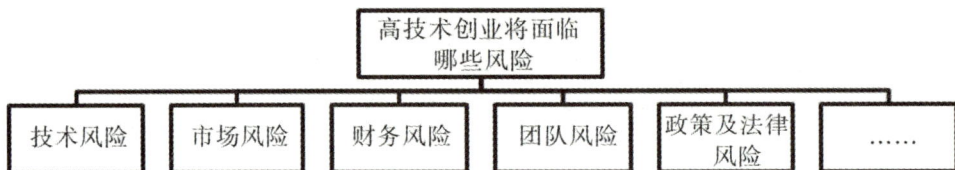

高技术创业将面临哪些风险：技术风险、市场风险、财务风险、团队风险、政策及法律风险、……

• 教学要点

教师充分应用示范教材案例，通过示范教材 PPT 展示的方法引导学生对创业风险进行客观认知，了解机会风险的分类与管理。

• 教学内容

一、创业风险的构成与分类

（一）创业风险的含义

风险的基本含义是损失的不确定性。当创业机会面临某种损失的可能性时，这种可能性及引起的损失的状态被称为机会风险。

（二）风险的构成

构成机会风险的主要因素包括风险因素、风险事件和风险损失三个方面。

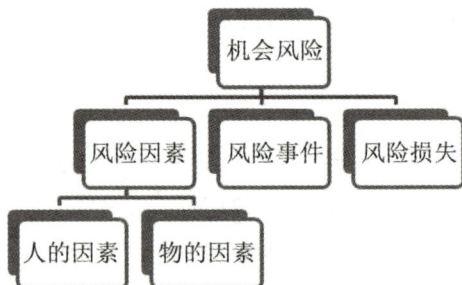

机会风险：风险因素、风险事件、风险损失；风险因素：人的因素、物的因素

1. 风险因素：创业风险因素从形态上可以分为人的因素和物的因素两个方面。

2. 风险事件：创业风险事件是指创业风险的可能性变成现实，以致引起损失后果的事件。

3. 风险损失：创业风险损失是指由于风险事件的出现给创业者或创业企业带来的能够用货币计量的经济损失。

（三）创业风险的类型

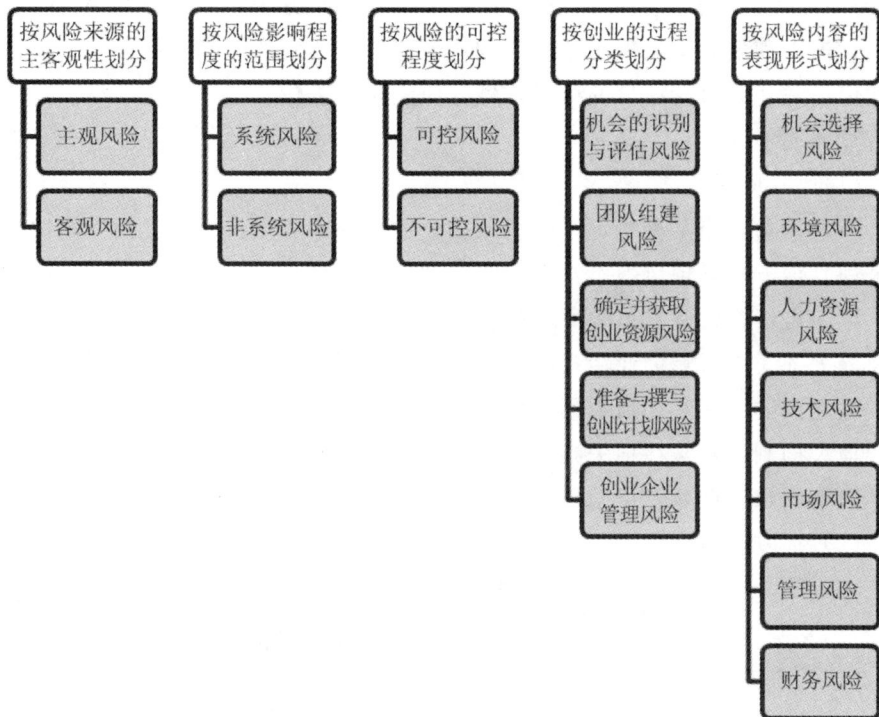

按风险来源的主客观性划分	按风险影响程度的范围划分	按风险的可控程度划分	按创业的过程分类划分	按风险内容的表现形式划分
主观风险	系统风险	可控风险	机会的识别与评估风险	机会选择风险
客观风险	非系统风险	不可控风险	团队组建风险	环境风险
			确定并获取创业资源风险	人力资源风险
			准备与撰写创业计划风险	技术风险
			创业企业管理风险	市场风险
				管理风险
				财务风险

1. 按风险来源的主客观性划分：机会风险可分为主观风险和客观风险。

2. 按风险影响程度的范围：机会风险可分为系统风险与非系统风险。

3. 按照风险的可控程度：机会风险分为可控风险和不可控风险。

4. 按创业的过程分类：按照风险在创业过程中出现的环节，机会风险可分为机会的识别与评估风险、团队组建风险、确定并获取创业资源风险、准备与撰写创业计划风险和创业企业管理风险。

5. 按风险内容的表现形式分类：可将机会风险分为机会选择风险、环境风险、人力资源风险、技术风险、市场风险、管理风险和财务风险。

其中，市场风险包括产品市场风险和资本市场风险两大类。并且，管理风险可能由管理者素质低下、缺乏诚信、权力分配不合理、不规范的家族式管理或决策失误等引起。

（四）机会风险的管理

1. 风险识别：创业者可以采用绘制创业流程图、制作风险清单、建立风险档案、头脑风暴、市场需求调查、分解分析等方法进行风险识别。

2. 风险评估：创业者在进行风险估计时应充分考虑风险因素及其影响，对潜在损失和最大损失做出估计。创业者应针对不同的风险选用不同的方法进行评价，并客观对待评价的结果，做好风险预警工作。

3. 风险应对

（1）风险应对方法

风险避免：当某种特定风险所致损失的频率或者损失的幅度相当高时，或者采用其他方法管理风险不符合成本效益原则时才会采用。

风险自留：常常在风险所致的损失概率和幅度较低、损失短期内可以预测以及最大损失不影响创业活动的正常进行时采用。

风险预防：通常在损失的频率高且损失的幅度低时使用。

损失抑制：常常在损失幅度高且风险又无法避免或转嫁的情况下采用。

风险转嫁：创业者可采用保险转嫁、转让转嫁或合同转嫁等方式。

（2）风险应对策略

风险应对策略矩阵

	高频率	低频率
高程度	风险避免 风险抑制 风险转嫁	风险避免 风险抑制
低程度	风险避免 风险预防	风险自留

案例分析

· 教学要点

教师利用课前准备的教学案例进行说明，安排学生分组对案例进行学习、讨论，对创业风险管理、防范的可能途径等相关知识进行讲授。

• 教学内容

二、系统风险的防范途径

系统风险也称为"不可分散风险"。对于系统风险，创业者或创业企业应设法规避。

1. 谨慎分析。目前，我国实施更加积极的就业政策，贯彻鼓励创业的方针，在自主创业税费减免、小额担保贷款、创业地落户等方面提供了优惠政策。

2. 正确预测。通过和团队成员探讨、请教外部专家等方法来预测创业环境的可能变化。

3. 合理应对。

三、非系统风险防范的可能途径

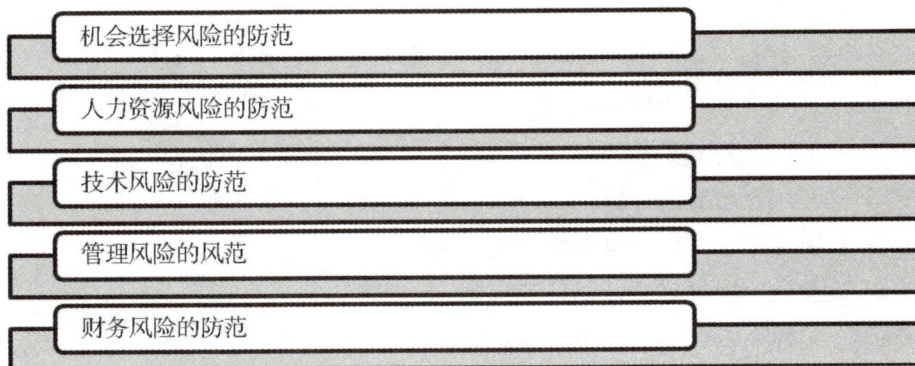

| 机会选择风险的防范 |
| 人力资源风险的防范 |
| 技术风险的防范 |
| 管理风险的风范 |
| 财务风险的防范 |

(一)机会选择风险的防范。创业者在创业准备之初就应该对创业的风险和收益进行全面权衡，将创业目标和目前的职业收益进行比较，结合当下的创业环境、自己的生涯规划进行权衡分析。

(二)人力资源风险的防范。人力资源是创业活动中最重要的资源，由此产生的风险对创业企业来说往往也是致命的风险。

(三)技术风险的防范。创业者一定要通过加强自身能力建设或建立创新联盟等方式减少技术风险发生的可能性。

(四)管理风险的防范。通过提高管理者的素质，改变管理和决策方式可以有效应对创业企业的管理风险。

（五）财务风险的防范。筹资困难和资本结构不合理，是很多创业企业明显的财务特征和主要财务风险的来源。

【教学训练】

学生根据本节课所学内容，对自己在课前提出的项目运营计划中可能出现的机会风险提出切实可行的解决办法和解决建议。

教师布置学生以小组为单位对风险进行评估，并形成书面的《创业风险评估报告及解决办法》。

提示

学生完成的《创业计划风险评估报告及解决办法》应包括以下几部分内容：

☆ 机会风险背景介绍

　　∨ 创业项目经营计划的介绍

　　∨ 可能存在的机会风险预测

☆ 机会风险的分析

　　∨ 风险构成要素

　　∨ 机会风险所属的类型

　　∨ 各个构成要素的分析

☆ 机会风险的解决思路

☆ 在项目运营过程中机会风险防范的操作步骤

☆ 机会风险管控与防范的保障机制

【教学总结】

学生应针对本节课程所学习和接触的创业风险进行分析与总结，探索风险解决办法。

教师组织学生在模拟训练后进行总结分享，在分享过程中应进一步强化教学要点，实现本节的教学目标。

教学建议

结合示范教材、配套 PPT 课件，充分调动学生参与课堂教学的积极性，更多地利用学生身边的、学校典型的创业及学生遇到的机会风险案例对知识内容进行讲授。

【考核建议】

本节内容的考核建议采用书面试题卷的形式(包括简答题、选择题和案例分析题),可与其他章节内容的书面试题卷一并考核。

【教学延展建议】

课程充分利用"创智汇德大学生创业素质训练沙盘"课程系统设置的"创业信息"与"创业风险"模块作为课程训练工具进行学习训练,利用角色扮演和沙盘推演的教学方法,使学生在模拟的创业项目经营中锻炼规避机会风险和进行风险管控的能力。

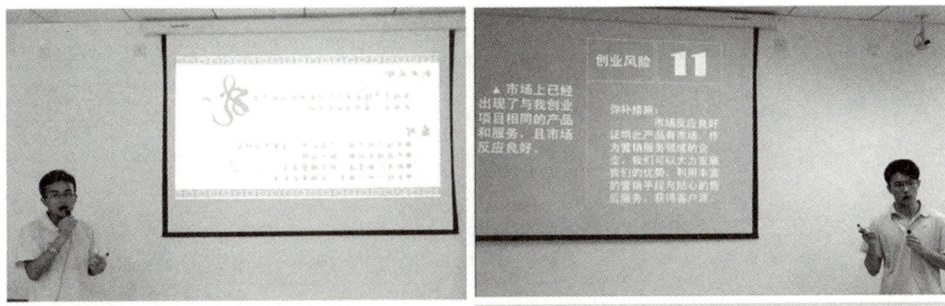

图3-7　创智汇德大学生素质训练沙盘训练现场——学生正在进行
创业风险的分析及风险规避的讲解

教学资源

《创业基础》示范教材、《创业基础教学手册》《创业基础》示范教材 PPT 课件、大学生创业模拟沙盘教学系统。

第四节　商业模式开发

教学目标

认识商业模式的本质；了解战略与商业模式之间的关系；掌握商业模式设计和开发的思路；明确开发商业模式的关键影响因素。

教学要点

商业模式本质上是若干因素构成的一组具有赢利逻辑关系的链条。

商业模式是商业战略生成的基础，商业战略是在商业模式的基础上的行为选择。

商业模式的价值主张、价值网络和价值实现等要素之间的不同组合方式，形成了不同的商业模式。

商业模式设计是创业机会开发环节的一个不断试错、修正和反复的过程。

商业模式设计是分解企业价值链条和价值要素的过程，涉及要素的新组合关系或新要素的增加。

教学逻辑

教师寻找典型商业模式应用的案例，引导学生初步了解商业模式的内涵 → 学生针对沙盘推演中形成的项目进行商业模式设计

↓

教师根据示范教材PPT讲解商业模式 ← 教师选取学生代表，讲解本组项目的商业模式，组织集体研讨，教师进行总结分析

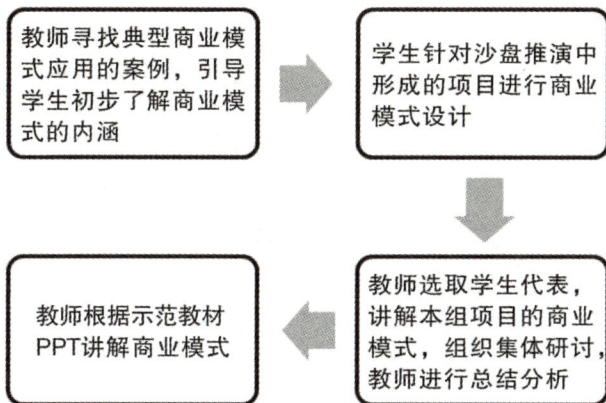

教学方法说明

教学内容	教学方法
教师寻找典型商业模式应用的案例，引导学生初步了解商业模式的内涵	案例教学
学生针对沙盘推演中形成的项目进行商业模式设计	沙盘模拟，小组研讨
教师选取学生代表，讲解本组项目的商业模式，组织集体研讨，教师进行总结分析	课堂互动
教师根据示范教材PPT讲解商业模式	PPT讲解

教学内容与方法详解

【课前准备】

教师准备

教师根据《创业基础》示范教材和示范教材 PPT 课件，结合本校学生状况，选择一些典型商业模式应用案例作为课堂教学资料。以此引发学生对商业模式的初步认知与思考。

建议教师考虑生产型企业运营模式、服务型企业运营模式、销售型企业运营模式等，跨行业、跨领域对商业模式进行介绍，使学生对不同类型企业商业模式有初步了解。

【课堂教学】

课程导入

教师安排学生以小组为单位对其上节课在沙盘推演中形成的项目运营计划商业模式进行设计与赢利性探讨。

教师选择 3~4 组学生代表发言，阐述自己项目的商业模式。

教师根据学生发言进行点评。

提示，教师点评应注意以下几个要点：

☆ 商业模式的本质是一组赢利逻辑关系链条

☆ 商业模式的核心是赢利

☆ 商业模式的设计中必须明确赢利目标、目标价值、赢利点、赢利条件与赢利保障等要素

• 教学要点

教师引导学生总结归纳商业模式的定义，了解商业模式的本质，以及商业模式与商业战略的关系。

• 教学内容

一、商业模式的定义和本质

商业模式以价值创造为核心，描述了企业如何创造价值、传递价值和获取价值的基本原理。

价值发现：明确价值创造的来源。创业者容易陷入"如果我们生产出产品，顾客就会来买"的错误逻辑，这是许多创业实践失败的重要原因之一。

价值匹配：明确合作伙伴，实现价值创造。为了获得先发优势并最大限度地控制机会开发的风险，几乎所有的新企业都要与其他企业形成合作关系，以使其商业模式有效运作。

价值获取：制定竞争策略，占有创新价值。为了理解创新产品如何才能实现赢利，创业者迫切需要厘清的基本问题包括：

☆ 建立什么样的产品价值链，才可以成功实现产品的商业化？

☆ 在这一价值链中，新企业将扮演什么角色？

☆ 还有哪些合作伙伴需要加入？

☆ 他们将分别扮演什么角色？其获利点在哪儿？

☆ 谁将向谁付费？为什么？或者说，在即将建立的价值链中，顾客是谁？是否有足够多的顾客愿意加入？

以上都是属于与设计商业模式相关的问题。

商业模式要回答的一些基本问题包括：

☆ 顾客是谁？

☆ 顾客价值为何？

☆ 企业如何从所在的经营领域获利？

☆ 企业能够以适当成本提供价值的经济逻辑是什么？

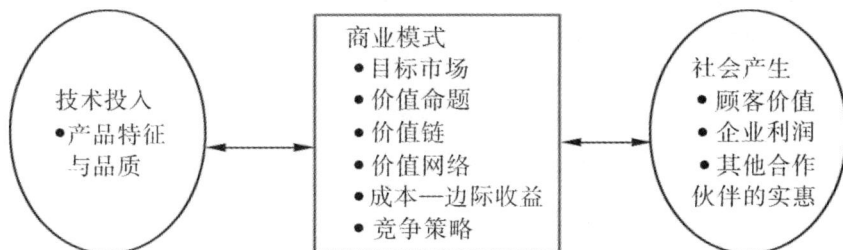

二、商业模式和商业战略的关系

商业模式侧重于创造顾客价值的基础架构和系统，本质上在于回应"企业提供什么"以及"如何提供"这两个基本问题。

战略则侧重于回应环境变化和竞争，进而通过恰当的企业行为选择来赢得优势。

商业模式在很大程度上决定了其成长潜能，战略则是将潜能转变为现实的重要手段，商业模式和战略之间是互补而不是相互替代的关系，在既定商业模式基础上选择恰当的战略更有助于发挥其商业模式所蕴含的成长潜能。

商业模式以价值创造为核心，而战略则是对所创造价值的保护机制，落脚于对外部环境或竞争的回应。

案例分析

· 教学方法

教师组织学生分组研讨示范教材案例《戴尔公司的价值链定位》，探讨商业模式因果关系的链条组成要素，思考商业模式的设计思路以及创新思路。

教师随机选取2～3组学生进行总结分享。

教师根据《创业基础》示范教材和PPT课件对学生分享内容进行点评。

· 教学内容

三、商业模式因果关系链条的分解

价值链是指产品如何从原材料阶段，经过制造和分销活动，直至到达用户手中的一系列转移活动链条。

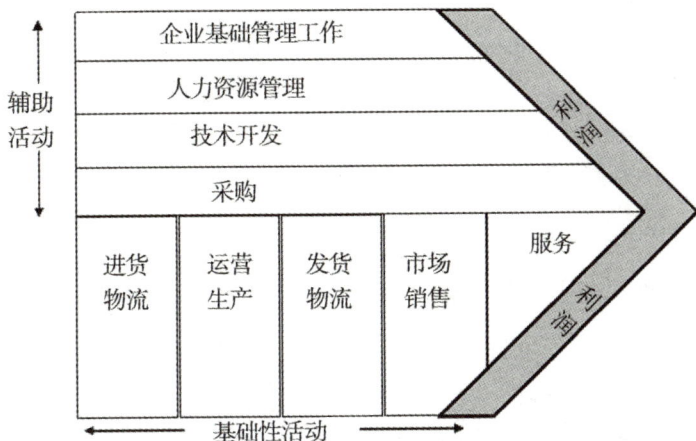

价值链分析同样有助于识别机会以进行商业模式的开发。不能把赢利模式简单等同于商业模式。

四、设计商业模式的思路和方法

如何为具有可行性的技术创意设计一套既切合实际，又具有独特竞争优势的商业模式，是所有创业者在创建企业前都必须做的一项工作。设计商业模式并不一定必须要回答上述所有问题，但顾客价值、渠道通路、顾客关系、收入及成本结构等问题一般是需要考虑的。

五、商业模式创新的逻辑与方法

商业模式创新的主线是为了更好地创造顾客价值。因此，无论是产品或服务的创新、顾客界面的创新，还是将这些元素进行组合创新，都要以顾客价值的创造为主线。

商业模式创新的逻辑与方法

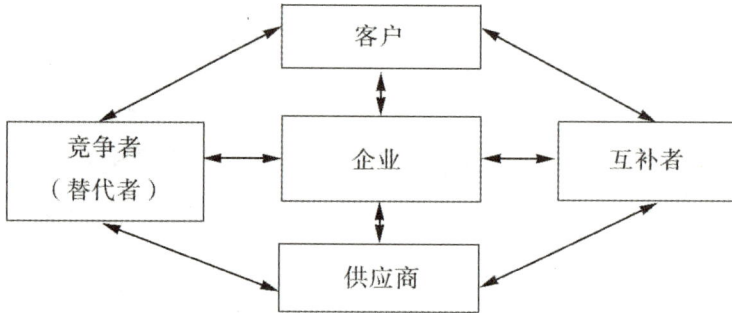

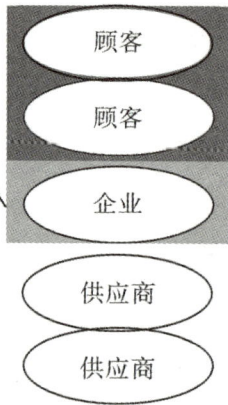

商业模式创新：
总体替代(替代
所有替代产品)

商业模式创新：
面向顾客的顾客

商业模式创新：
整合供应链，或
成为供应链的
服务商

商业模式创新：
与互补产品结合

重新评估商
业模式组合

建立一个包含不同知识
结构的创新团队

就商业模式环境达成共
识，规划商业模式框架

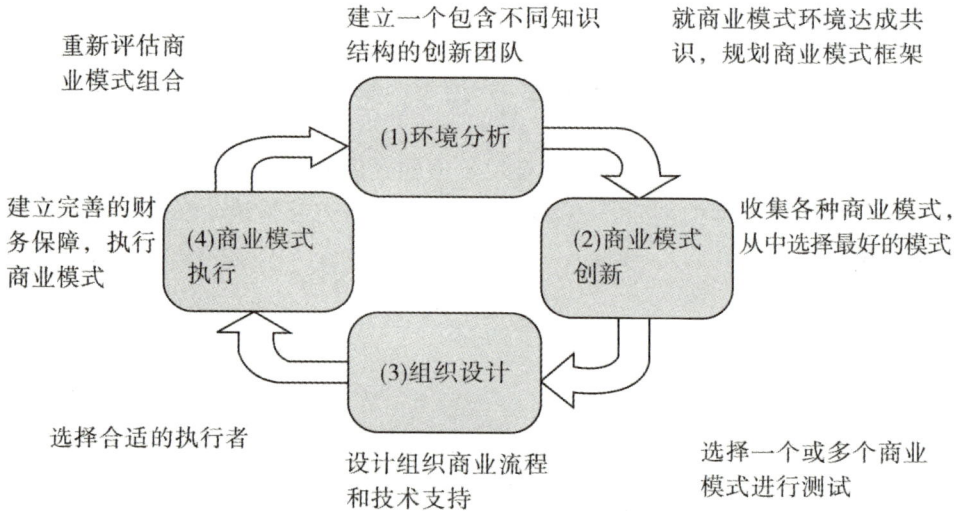

建立完善的财
务保障，执行
商业模式

收集各种商业模式，
从中选择最好的模式

选择合适的执行者

设计组织商业流程
和技术支持

选择一个或多个商业
模式进行测试

教学建议

结合示范教材、配套 PPT 课件，充分调动学生参与课堂教学的积极性，更多地利用学生身边的、学校典型的创业及学生遇到的机会风险案例对知识内容进行讲授。

【考核建议】

本节内容的考核建议采用书面试题卷的形式（包括简答题、选择题和案例分析题），可与其他章节内容的书面试题卷一并考核。

教学资源

《创业基础》示范教材、《创业基础教学手册》《创业基础》示范教材 PPT 课件。

第四章　创业资源

▶▶ 本章教学目标

　　使学生了解创业资源的类型，认识不同类型创业活动的资源需求差异，掌握创业资源获取的一般途径和方法，特别是创业资源获取的技巧和策略。

　　使学生了解创业融资的相关理论，掌握创业所需资金的测算、创业融资的主要渠道及差异，了解创业融资的一般过程。

　　使学生了解创业资源整合和有效使用方法，认识创业资源开发的技巧和策略。

▶▶ 本章教学要点

【创业资源的种类】

【创业资源的获取途径】

【创业融资及其影响因素】

【创业融资的渠道】

【创业资源的整合与开发】

本章教学逻辑图

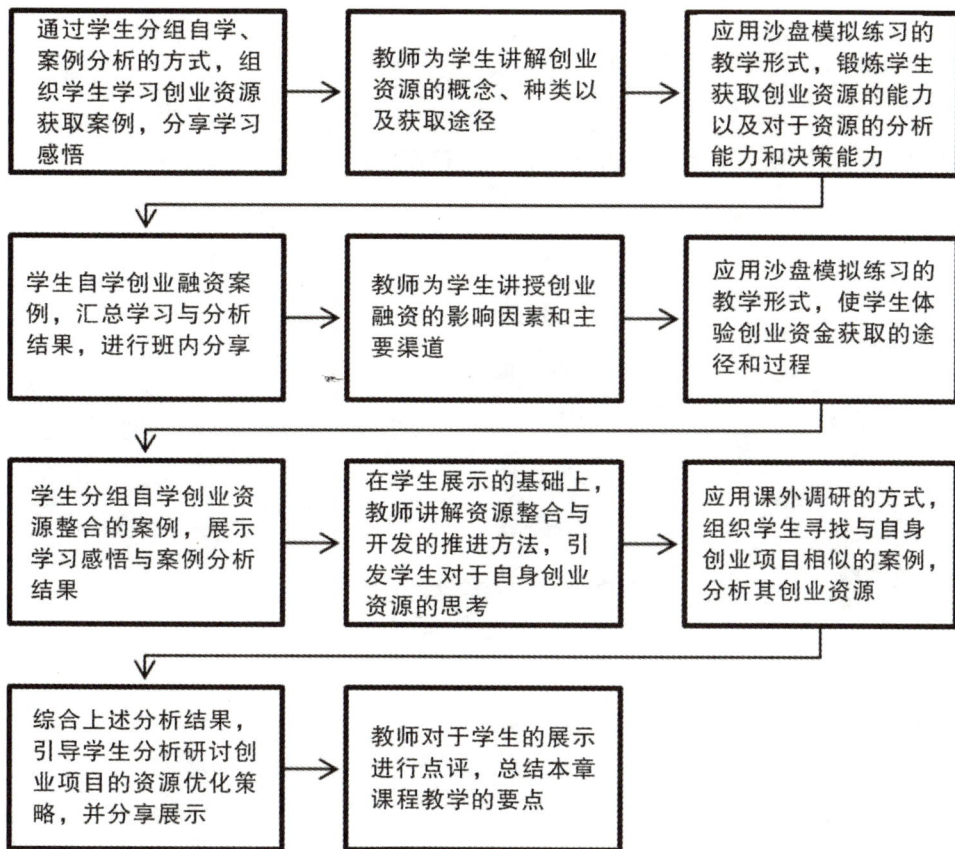

通过学生分组自学、案例分析的方式，组织学生学习创业资源获取案例，分享学习感悟

→

教师为学生讲解创业资源的概念、种类以及获取途径

→

应用沙盘模拟练习的教学形式，锻炼学生获取创业资源的能力以及对于资源的分析能力和决策能力

学生自学创业融资案例，汇总学习与分析结果，进行班内分享

→

教师为学生讲授创业融资的影响因素和主要渠道

→

应用沙盘模拟练习的教学形式，使学生体验创业资金获取的途径和过程

学生分组自学创业资源整合的案例，展示学习感悟与案例分析结果

→

在学生展示的基础上，教师讲解资源整合与开发的推进方法，引发学生对于自身创业资源的思考

→

应用课外调研的方式，组织学生寻找与自身创业项目相似的案例，分析其创业资源

综合上述分析结果，引导学生分析研讨创业项目的资源优化策略，并分享展示

→

教师对于学生的展示进行点评，总结本章课程教学的要点

第一节　创业资源概述

教学目标

　　使学生了解创业资源的类型，认识不同类型创业活动的资源需求差异，掌握创业资源获取的一般途径和方法，特别是创业资源获取的技巧和策略。

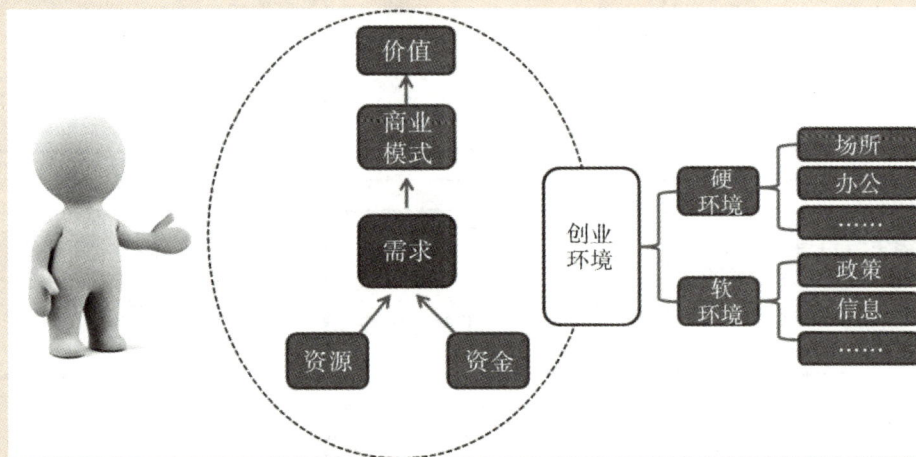

图 4-1　创智汇德大学生创业素质训练沙盘创业资源环境

教学要点

　　不同的创业活动具有不同的创业资源需求。

　　创业资源包括有形资源和无形资源，无形资源往往是撬动有形资源的重要杠杆。

　　创业资源获取途径包括市场途径和非市场途径。

　　创业资源获取的关键往往取决于创业项目及其团队的软实力。

教学逻辑

学生在课前进行案例阅读 → 学生进行课上的学习分享与案例分析 → 教师针对学生的分析进行点评 → 引出本节课程内容

↓

课程总结与课程延展 ← 进行创业资源获取的沙盘模拟演练 ← 进行本节课程讲解

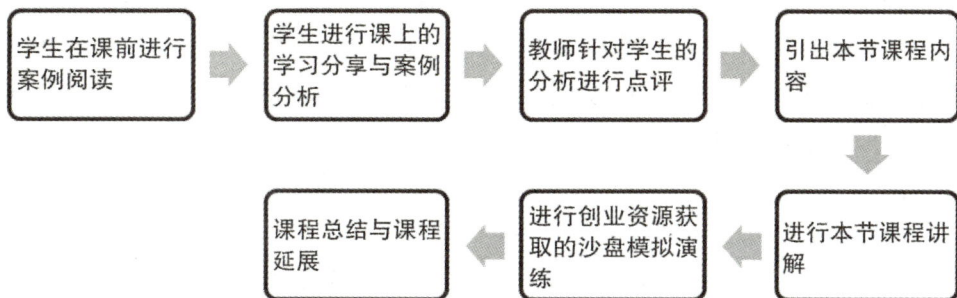

教学方法说明

本节的教学环节与所应用的教学方法如下表所示：

教　学　内　容	教　学　方　法
学生在课前进行案例阅读	学生分组自学
学生进行课上的学习分享与案例分析	案例教学、课堂讨论、师生互动
教师针对学生的分析进行点评	教师点评
引出本节课程内容	PPT 演示、教师讲解
进行本节课程讲解	
进行创业资源获取的沙盘模拟演练	角色扮演、沙盘模拟
课程总结与课程延展	教师讲解

建议：教师综合运用上述教学方法完成本节课程的教学。

教学内容与方法详解

创业就是把创业机会的识别与创业资源的获取及整合相结合的活动，创业资源的获取和整合伴随整个创业过程。了解创业过程中所需资源的种类，知晓创业资源的获取途径和方法，熟悉创业资源获取的技巧和策略，有助于降低创业者获取及整合资源的难度。

【课前准备】

教师准备

教师根据《创业基础》示范教材和 PPT 课件，结合本校学生状况，在教材案例的基础之上准备 2～3 个更贴近学生实际的创业案例作为课堂应用资料，丰富教学内容，从多角度引导学生对于创业资源进行思考。

教师安排学生分组学习（3～4 人/组）案例，每组预习两篇案例。

学生准备

学习示范教材案例《从视美乐到澳视——艰难的资源整合》和一篇教师提供的身边案例，提示该组学生思考以下问题：

案例中的创业企业在发展中整合了哪些创业资源？

这些创业资源的来源是什么？

这些创业资源对企业的发展具有哪些作用？

学习示范教材案例《高技术创业所需资源》和一篇教师提供的身边案例，提示该组学生思考以下几点：

案例中涉及几类创业资源？

各类创业资源对于创业有何作用？

学习示范教材案例《起步项目依赖的技术》和一篇教师提供的身边案例，提示该组学生思考以下几点：

创业者需要具备哪几类知识和能力？

创业者在知识和能力方面应达到何种程度？

如何整合与有效利用创业资源？

如何形成创业企业的核心竞争力？

【课堂教学】

案例分析一

• 教学方法

本节授课开始，教师针对案例《从视美乐到澳视——艰难的资源整合》和一篇教师提供的身边案例，选择 2～3 个小组对案例学习的成果与感受进行分享；其他学生针对该组的学习分享与案例分析进行完善补充。

针对学生的分享，教师进行分析点评，点评时应把握以下几个方面要点：

☆ 创业过程中为什么需要创业资源

☆ 如何进行创业资源的分类

☆ 不同的创业项目需要不同的创业资源作为支持

☆ 创业资源的特性

• 教学内容

结合示范教材 PPT 课件，针对创业资源的内涵与种类进行讲解。

一、创业资源的内涵与种类

（一）创业资源的内涵

资源就是任何主体在向社会提供产品或服务的过程中，所拥有或所能支配的有助于实现自己目标的各种要素以及要素的组合。

（二）创业资源的种类

1. 创业资源按性质的分类：创业资源按性质可以分为人力资源、财务资源、物质资源、技术资源和组织资源共五种。

2. 创业资源按存在形态的分类：创业资源按其存在的形态可以分为有形资源和无形资源。

3. 创业资源按参与程度的分类：创业资源按照资源要素对创业过程的参与程度，可以分为直接资源和间接资源。

4. 创业资源按重要性的分类：创业资源按照其对企业核心竞争力影响的重要性，可分为核心资源与非核心资源。

5. 创业资源按来源的分类：创业资源按其来源可以分为内部资源和外部资源。

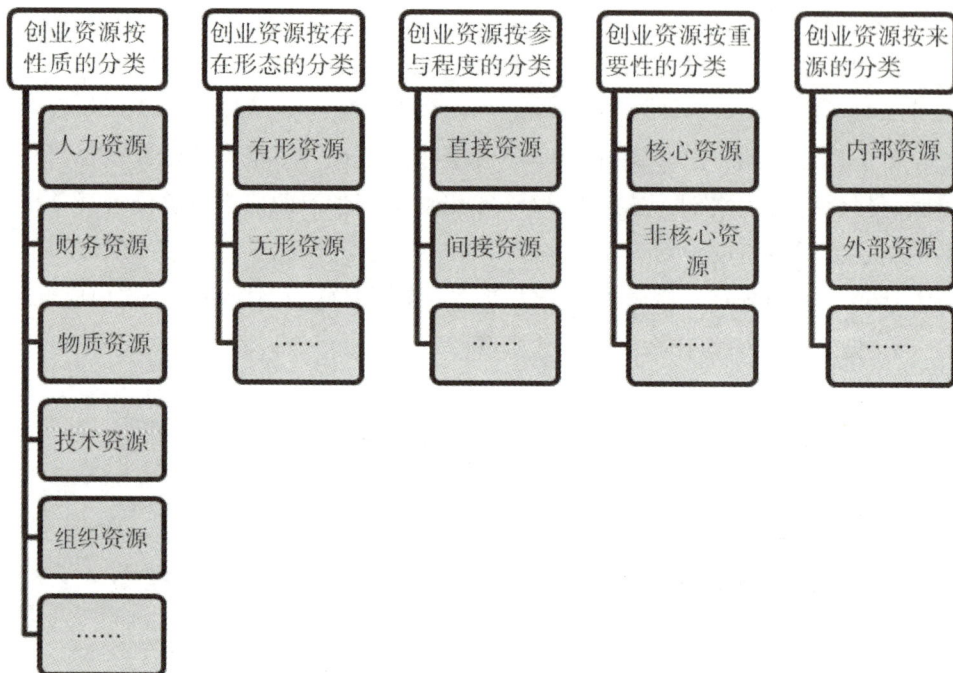

创业资源按性质的分类	创业资源按存在形态的分类	创业资源按参与程度的分类	创业资源按重要性的分类	创业资源按来源的分类
人力资源	有形资源	直接资源	核心资源	内部资源
财务资源	无形资源	间接资源	非核心资源	外部资源
物质资源	……	……	……	……
技术资源				
组织资源				
……				

（三）战略性资源

战略性资源是能够建立竞争优势的资源。

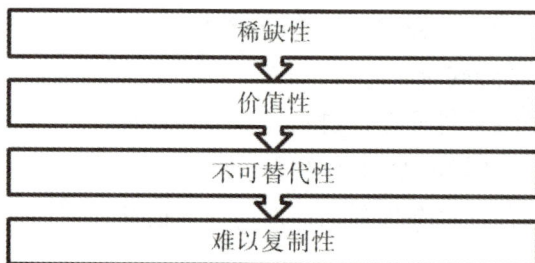

稀缺性
价值性
不可替代性
难以复制性

1. 稀缺性：创业中可以被视作稀缺的资源主要是有优势的地段、被看作卓越领导者的管理人员以及对独特物质资源的控制。

2. 价值性：创业者要注重挖掘资源价值，从价值创造的角度分析资源，而不是一味地追求资源占用的数量。

3. 不可替代性：拥有不可替代的资源对新创企业持久竞争力的形成和保持具有非常重要的意义。

4. 难以复制性：创业者若能先行一步获取战略性资源，加以培养和部署，就会获得一定程度的竞争优势；若能保护好这些资源并很好地保持资源的上述品质，则将具备长久的竞争优势。

创业者要建立新创企业的持续竞争优势，需要控制、整合和充分利用战略资源。

案例分析二

• 教学方法

组织学生针对案例《高技术创业所需资源》和一篇教师提供的身边案例进行分享，方式与案例分析一相同。

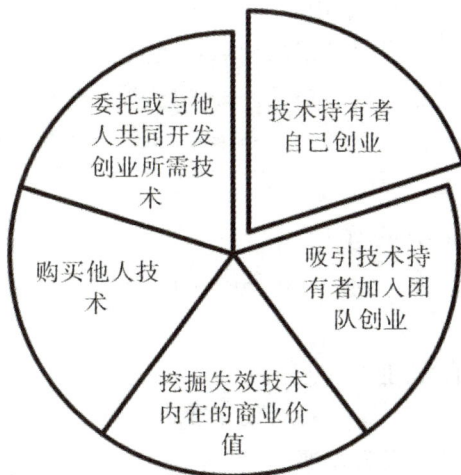

针对学生的感受和分享，教师进行分析点评，点评时应把握以下几个方面要点：

☆ 在创业过程中需要哪些创业资源的支持

☆ 各种创业资源在创业过程中所发挥的作用

• 教学内容

结合示范教材PPT，针对以下内容进行讲解。

二、创业资源与一般商业资源的异同

创业资源是商业资源，但不是所有的商业资源都是创业资源，因为只有创业者可以利用的资源才是创业资源。

创业资源的独特性更强，创业者的个人能力和社会网络资源是其中最为关键的资源。

三、社会资本、资金、技术及专业人才在创业中的作用

（一）社会资本在创业中的作用

社会资本能使创业者有机会接触大量的外部资源，有助于通过网络关系降低潜在的风险，加强合作者之间的信任和信誉。

（二）资金在创业中的作用

资金不仅是企业生产经营过程的起点，更是企业生存发展的基础。大学生创业的最大困难之一就是资金的缺乏。即便已建立若干年的企业，资金链的断裂也是企业致命的威胁。企业可能不会由于经营亏损而破产清算，却常常会因为资金断流而倒闭。

（三）技术在创业中的作用

在创业初期，创业资金需求基本满足的情况下，创业技术是最关键的资源。

（四）专业人才在创业中的作用

高素质人才的获取和开发，是新创企业可持续成长的关键，特别是高科技新创企业，专业人才资源更为重要。

案例分析三

·教学方法

组织学生针对案例《起步项目依赖的技术》和一篇教师提供的身边案例进行分享，方式与案例分析一相同。

针对学生的感受和分享，教师进行分析点评，点评时应把握以下几个方面要点：

☆ 创业者的能力对于创业资源获取的影响

☆ 创业资源对创业企业起步阶段的核心竞争力的影响

• 教学内容

结合示范教材 PPT，针对以上内容进行讲解。

四、影响创业资源获取的因素

（一）创业导向

创业者要注重创业导向的培育和实施，充分关注创业者特质、组织文化和组织激励等影响创业导向形成的重要因素。

（二）商业创意的价值

商业创意为资源获取提供了杠杆，但获取资源还有赖于创意的价值被资源所有者认同的程度。

（三）资源的配置方式

资源配置方式创新，能够开发出新的效用，使之更好地满足资源所有者的期望。

（四）创业者的管理能力

管理能力越高，获取资源的可能性越大。

（五）社会网络

在社会网络中处于优势地位的创业者，具有较好的社会关系依托，可以有选择地了解不同对象的效用需求，有针对性地对不同对象传递商业创意的不同方面，有目的地取得不同资源所有者的理解和信任，最终成功地从不同网络成员那里取得所需的资源，为自己进行资源配置方式创新提供基础。

五、创业资源获取的途径与技能

（一）创业资源获取的途径

1. 通过市场途径获取资源：通过市场途径获取资源的方式包括购买和联盟。

2. 通过非市场途径获取资源：非市场途径获取资源的方式主要有资源吸引和资源积累等。

（二）创业资源获取的技能

1. 充分重视人力资源的获取：一支知己知彼、才华各异、技能互补、目标一致和彼此信任的团队，是创业资源中最为重要的资源。

2. 以能用和够用为原则：只有满足自己需求的，自己可以支配并使其充分发挥作用的资源，才是需要筹集的资源。

3. 尽可能筹集多用途资源和杠杆资源：在知识社会，具有独特创造性的知识是现代社会的高杠杆资源。

【教学训练】

教师组织学生应用第二章和第三章的教学训练成果，即在模拟的环境下所完成的创业团队组建和创业项目选择的结果，进行本节教学训练。在未进行上述训练的情况下，教师可以组织学生自行组建创业团队（每个团队 6～7 人），为每个团队随机发放若干创业项目信息，由学生研讨后确定本团队的模拟创业项目。

应用沙盘教学的方式，模拟创业资源获取的环境和过程，组织学生进行沙盘模拟演练。

沙盘的构建应体现以下要点：

☆ 模拟环境的设置应体现大学生创业的校园环境、专业环境、行业环境和社会环境。

☆ 设置多种创业资源信息，贴合社会现实，如场地资源、创业政策、税收优惠等。

沙盘模拟演练中应体现以下要点：

☆ 沙盘教学中应体现创业资源与社会活动的关联，即学生通过与校园、社会的接触（如校内社团活动、教研活动、社会实习等）获得一定的创业资源。

☆ 沙盘教学应能引导学生根据自身条件和模拟创业项目合理选择创业资源，锻炼学生的分析能力和决策能力。

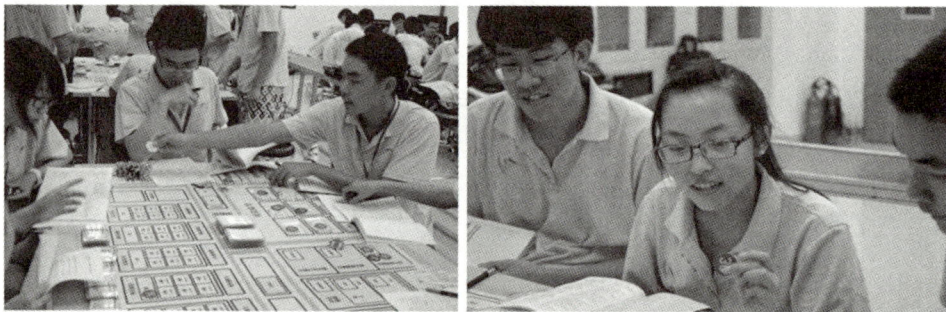

图 4-2　创智汇德大学生创业素质训练沙盘训练现场——学生正在进行资源分析

教学建议

本节内容所讲授的创业资源是大学生创业成功的重要支持，所以本节的教学效果在追求知识传授与能力训练的同时，更应引发学生关注创业活动与社会的关联，思考自身所能够获取和调动的创业资源，从而承接第三章有关创业机会的教学和训练，为第五章制订创业计划打下基础。

因此本节的教学应结合示范教材、配套 PPT 课件，丰富和扩展贴近学生生活的案例，使学生了解创业资源的分类、作用以及获取途径，重点强调对创业资源的认识、获取创业资源的途径和方法、对创业资源的运用。

教学建议

应用案例教学，强化学生对创业资源的知识性了解。

应用沙盘模拟教学，强化学生对创业资源获取途径与方法的把握，锻炼学生对创业资源的分析能力与运用能力。

【考核建议】

本节知识的考核建议采用书面试题卷的形式(包括简答题、选择题和案例分析题)，可与其他章节内容的书面试题卷一并考核。

本节对于学生创业资源获取能力的考核通过模拟训练的形式，以训练结果为考核依据，学生在本节教学训练中所获得的创业资源作为其未来模拟创业的基础，并最终纳入所在创业团队的创业计划中，作为创业计划评估的要素之一。

【教学延展建议】

教师在教学中应考虑创业资源与创业机会、创业项目、创业团队、创业计划之间的关联，在其他相关章节的知识讲授中，应提示创业资源的支持作用。在本章的授课与训练过程中，应考虑创业资源与创业机会、创业团队等的匹配，把握创业资源与创业计划的衔接。

为了便于与本章第二节和第三节教学内容衔接，并使本节授课内容得以巩固，建议安排学生课后作业，并作为本章第二节以及第三节授课的课前准备。

【作业建议】

1. 组织学生学习示范教材案例《创业资金计算案例》。

2. 寻找实际创业过程中关于创业资金计算的真实案例。

对上述两个案例进行分析。提示学生在学习和分析案例时思考以下问题：

　　(1)案例中涉及哪几种创业资金？

　　(2)创业者是如何计算这些创业资金的？

　　(3)创业资金计算对于创业具有何种重要意义？

　　(4)案例中创业者采取的融资渠道有哪些？

3. 以沙盘教学推演的结果为依据，以创业团队为单位，要求学生在课后搜集与自身创业项目相似的典型案例，分析该案例的创业资源；针对自身的创业项目，思考欠缺哪些创业资源，如何进行创业资源的优化。

▸▸ 教学资源

《创业基础》示范教材、《创业基础教学手册》《创业基础》示范教材 PPT 课件、大学生创业模拟沙盘教学系统。

第二节　创业融资

教学目标

　　使学生了解创业融资的相关理论，掌握创业所需资金的测算、创业融资的主要渠道及差异，了解创业融资的一般过程。

教学要点

　　创业融资是创业管理的关键内容，在企业成长的不同阶段具有不同的侧重点和要求。

　　不确定性和信息不对称是创业融资难的影响因素。

　　正确测算创业所需资金有利于确定筹资数额，降低资金成本。

创业融资的主要渠道包括自我融资、亲朋好友融资、天使投资、商业银行贷款、担保机构融资和政府创业扶持基金融资等。

　　创业融资不只是一个技术问题，还是一个社会问题，应从建立个人信用、积累社会资本、写作创业计划、测算不同阶段的资金需求量等方面做好准备。

教学逻辑

学生在课前进行创业资金测算的案例学习 → 学生进行课上的学习分享与案例分析 → 教师针对学生的分析进行点评，引出本节课程

↓

课程总结与课程延展 ← 进行创业资金获取的沙盘模拟演练 ← 进行本节课程讲解

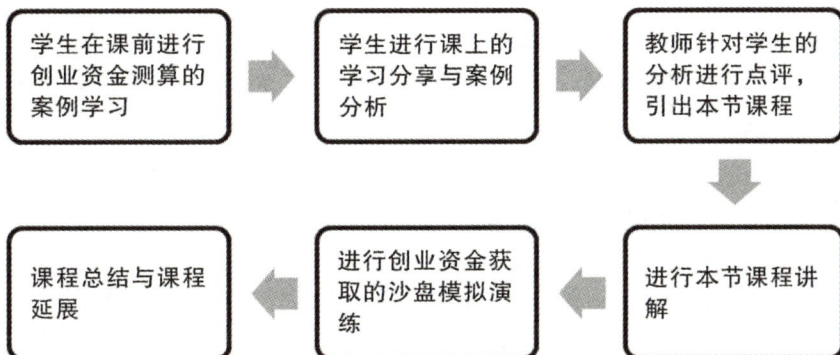

教学方法说明

本节在教学中所涉及的教学方法如下表所示：

教学内容	教学方法
学生在课前进行创业资金测算的案例学习	学生分组自学、实地考察
学生进行课上的学习分享与案例分析	案例教学、课堂讨论、展示分享
教师针对学生的分析进行点评，引出本节课程	教师点评
进行本节课程讲解	PPT 演示、教师讲解
进行创业资金获取的沙盘模拟演练	角色扮演、沙盘模拟
课程总结与课程延展	教师讲解

　　建议：教师综合应用上述方法进行本节课程教学。

教学内容与方法详解

获取资金是新企业生产经营活动的起点。合理计算和筹集创业所需资金、对创业资金进行科学的规划和管理，是新创企业顺利经营和可持续发展的基础。

【课前准备】

教师准备

教师安排学生分组（3～4人/组）。

学生准备

学生根据本章第二节的教学延展内容，学习示范教材案例《创业资金计算案例》，并寻找实际创业过程中关于创业资金计算的真实案例，对上述两个案例就如下要点进行分析：

☆ 案例中涉及哪几种创业资金？

☆ 创业者是如何计算这些创业资金的？

☆ 创业资金计算对于创业具有何种重要意义？

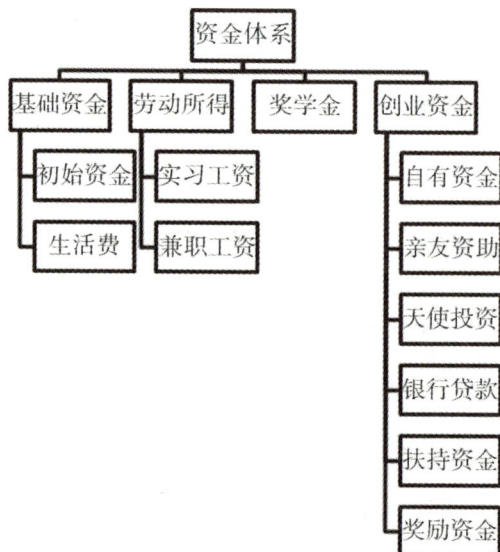

☆ 案例中创业者采取的融资渠道有哪些？

学生将自己的学习感悟与分析进行组内汇总与研讨，每组选定一名学生进行班内分享。

【课堂教学】

案例分析

教师针对教材案例《创业资金计算案例》以及教师提供的实际创业案例，选取 2~3 组学生进行学习感悟分享，其他学生进行补充。

教师根据学生的感悟和案例分析，进行简要点评，点评基于以下要点：

☆ 如何划分创业资金的类别？

☆ 计算各类创业资金时的注意事项有哪些？

☆ 常规的创业融资渠道有哪些？

☆ 各融资渠道的特性是什么？

知识讲解

• 教学方法

结合 PPT 演示的方式，为学生讲解创业融资的途径和方法，为具有创业意向的学生提供有关创业融资的理论支持。

• 教学内容

一、创业融资分析

（一）创业融资的重要性

创业者通过合理选择融资渠道和融资方式，可以降低资金成本，将创业企业的财务风险控制在一定范围之内；通过对企业不同发展阶段融资需求特点的分析，有利于创业者做出科学的融资决策，使创业企业实现可持续发展。

（二）创业资金的分类

1. 流动资金和非流动资金：按照资金的占用形态和流动性，可以分为流动资金和非流动资金。

创业者在估算创业资金需求时需考虑其持续投入的特性。

创业者在进行创业资金估算时，往往将其作为一次性的资金需求对待。

2. 投资资金和营运资金：按照资金投入企业的时间可分为投资资金和营运资金。

投资资金发生在企业开业之前，是企业在筹办期间发生各种支出所需要的资金。

营运资金是从企业开始经营之日起，到企业能够做到资金收支平衡为止的期间内，企业发生各种支出所需要的资金，是投资者在开业后需要继续向企业追加投入的资金。

营运前期的时间跨度往往依企业的性质而不同。

在很多行业中，营运资本的资金需求要远远大于投资资本的资金需求。

（三）创业融资难的原因

创业融资难的主要原因是新创企业的不确定性大、信息不对称以及资本市场欠发达等。

1. 新创企业的不确定性大。

2. 新创企业和资金提供者之间的信息不对称。

3. 资本市场欠发达。

（四）创业融资过程

1. 做好融资前的准备：创业者应尽早建立起良好的个人信用记录。

2. 计算创业所需资金：企业所使用的资金都是具有一定成本的。

3. 编写创业计划书：编写创业计划书是一种很好的对未来企业进行规划的方式。

4. 确定融资来源。

5. 展开融资谈判。

二、创业所需资金的测算

筹集不到足额资金会使企业出现资金断流，甚至被迫清算；筹集的资金过多，又会导致资金的闲置，产生机会成本，导致企业经营效率低下。

（一）测算投资资金

创业者在估算投资资金时，一定不要忽略了其自身的工资、业务开拓费、设备维护费等项目。

开办费用的开支是企业无法避免的一项投资支出。

创业者应想方设法节省开支，减少投资资金的花费。

（二）测算营运资金

1. 测算新创企业的营业收入：营业收入是指企业在从事销售商品，提供劳务和让渡资产使用权等日常经营业务过程中所形成的经济利益的总流入。

2. 编制预计利润表：利润表是用来反映企业在某一会计期间的经营成果的财务报表。

"收入－费用＝利润"

对于新创企业初期营业收入营业成本和各项费用的估算应按月进行，并按期预估企业的利润状况。

3. 编制预计资产负债表：资产负债表是总括反映企业在某一特定日期全部资产、负债和所有者权益状况的报表。

"资产＝负债＋所有者权益"

企业在经营过程中增加的留存收益是资金的一种来源方式。

三、创业融资渠道

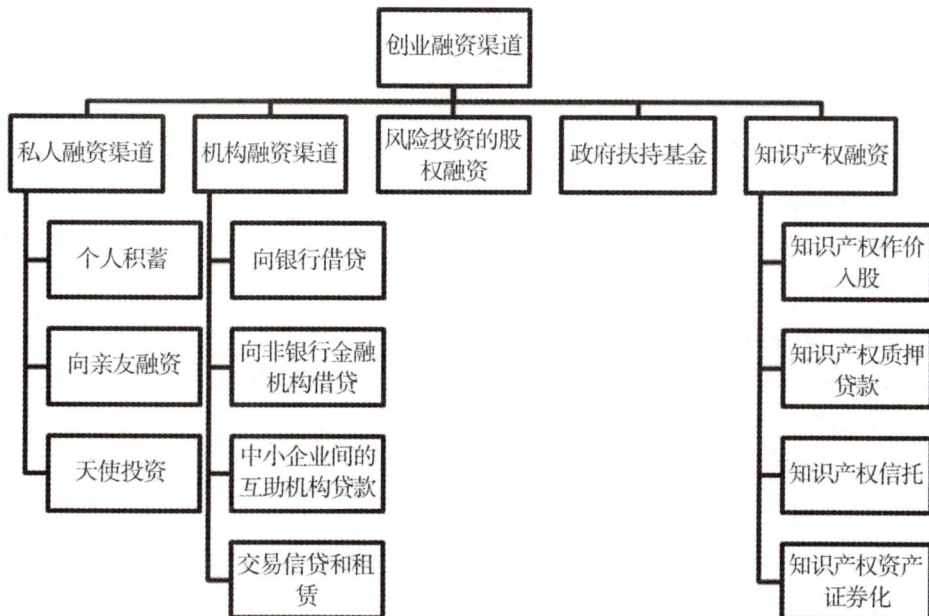

（一）私人融资渠道

1. 个人积蓄：创业者的个人积蓄是创业融资最为根本的来源。

2. 向亲友融资：在向亲友融资时，创业者必须按照市场经济的游戏规则、契约原则和法律形式来规范融资行为，保障各方利益，减少不必要的纠纷。

3. 天使投资：天使投资被引申为一种对高风险、高收益的新兴企业的早期投资。

（二）机构融资

1. 向银行借贷：比较适合创业者的银行贷款形式主要有抵押贷款和担保贷款两种。

2. 向非银行金融机构借贷：非银行金融机构是指以发行股票和债券、接受信用委托、提供保险等形式筹集资金，并将所筹资金用于长期性投资的金融机构。

3. 中小企业间的互助机构贷款：小额贷款公司已经成为缓解小微企业融资难的新渠道。

4. 交易信贷和租赁：企业在筹办期以及生产经营过程中，均可以通过商业信用的方式筹集部分资金。

创业者也可以通过融资租赁的方式筹集长期性资产所急需的资金。

（三）风险投资的股权融资

风险投资，是指由专业机构提供的投资于极具增长潜力的新创企业并参与其管理的权益资本。

风险资本的投资对象是处于创业期的未上市的新兴中小型企业，尤其是新兴高科技企业。

（四）政府扶持基金

创业者应结合自身情况，利用好相关政策，获得更多的政府基金支持，降低融资成本。

（五）知识产权融资

1. 知识产权作价入股。

2. 知识产权质押贷款：知识产权质押贷款是商业银行积极探索的中小企业融资途径。

3. 知识产权信托：凡有货币价值的资产都可以作为信托财产。

4. 知识产权资产证券化。

四、创业融资的选择策略

（一）股权融资

新创企业在创建的启动阶段及较早发展阶段，内部积累格外重要。

（二）债权融资

（三）不同融资方式的利弊

创业者在筹集资金时应对债务资金、股权资金的优缺点进行比较，并考虑企业的资金需要量、资金的可得性、宏观理财环境、筹资的成本、风险和收益，以及控制权分散等问题，进行综合分析。

（四）筹资决定

转让多少控制权能够既吸引投资又有利于对企业日后经营的控制，是创业者必须慎重选择且关乎企业健康发展的最重要的问题之一。

【教学训练】

在本章第一节的教学训练成果的基础上，应用沙盘教学的方式模拟创业资金获取的环境和过程，组织学生进行模拟演练。

沙盘的构建应体现以下要点：

☆ 模拟背景的设置应体现大学生可能面对的融资环境和融资渠道

☆ 设置多种创业资金来源信息，贴合社会现实和大学生的实际生活，如个人资金积累、亲友资助资金、政府扶持资金、学校奖励等

创智汇德大学生创业素质训练沙盘训练系统创业资金收集表

创业资金
可筹集资金共计：＿＿＿＿＿＿＿＿＿＿＿＿＿＿＿。   　其中，自有资金：＿＿＿＿＿＿＿＿＿＿＿＿＿＿＿；   　　　　亲友资助：＿＿＿＿＿＿＿＿＿＿＿＿＿＿＿；   　　　　银行贷款：＿＿＿＿＿＿＿＿＿＿＿＿＿＿＿；   　　　　扶持资金：＿＿＿＿＿＿＿＿＿＿＿＿＿＿＿；   　　　　奖励资金：＿＿＿＿＿＿＿＿＿＿＿＿＿＿＿。
拟注册资本金：＿＿＿＿＿＿＿＿＿＿＿＿＿＿＿＿＿＿＿。

沙盘的演练过程应体现以下几点：

☆ 学生通过在校期间的勤工俭学、个人理财进行创业资金的自我积累

☆ 体现学校及政府对大学生创业的扶持

☆ 学生通过各类社会活动积累融资渠道，间接获得创业资金支持

☆ 体现学生亲友对大学生创业的资金支持

☆ 学生获得各类创业资金应对创业者个体有一定的限制条件

▸▸ 教学建议

本节内容所讲授的创业机会是大学生在创业实践中极为关注的问题之一，也是支撑创业启动、初创企业经营以及创业企业的可持续发展的重要因素；因此在进行本节的课堂教学与教学训练的过程中，应注重启发学生掌握创业资金的获取途径，关注不同创业项目对于创业资金的要求；通过模拟风险投资的过程，对学生的创业融资能力进行评价。

引导学生考察现实中的创业融资案例，使学生的学习与创业现实紧密结合；应用沙盘教学的方式，强化学生有关创业资金获取的知识，使学生在模拟环境下体验创业资金积累与创业融资的过程。

【考核建议】

建议采取书面试题卷的形式（包括简答题、选择题和案例分析题）考核学生对于创业融资知识的掌握情况。

建议通过模拟训练评价的方式考核学生的创业资金获取能力，利用沙盘模拟教学中的创业计划书宣讲展示环节，引入风险投资对创业项目的评价。该评价可作为模拟创业计划书评价的组成部分。

【教学延展建议】

在本节的教学训练环节中，建议教师对创业融资的评价进行综合考虑。使创业机会中"创业项目运营计划书设计""创业计划书团队宣讲"以及"新创企业经营计划"三个环节的评价相关联，客观评价学生的创业资金获取能力。

为了便于与本章第三节以及第五章的教学内容进行衔接，进一步为课堂教学和教学训练提供基础，体现创业基础课程教学的整体性，体现学生在创业能

力方面的差异，建议为学生安排课后作业，作为未来授课的课前准备。

【作业建议】

1. 按照 3~4 人/组，将学生进行分组，每组预习两篇案例。

案例一：

示范教材中的《熟人介绍的作用》，提示学生思考以下几点：

☆ 案例中涉及的主要是哪类创业资源？

☆ 创业者所采取的资源开发方式是什么？

案例二：示范教材中的《农民创办农具博物馆》，提示学生思考以下几点：

☆ 请分析案例中创业动机与创业资源的关系

☆ 请分析该创业项目的核心竞争力与创业资源的关系

案例三：示范教材中的《蒙牛借力》，提示学生思考以下几点：

☆ 创业资源整合与创业规划有何关系？

☆ 如何获得资源提供方的认可，从而获取和整合所需的创业资源？

建议教师参考如上案例所涉及的知识点，引用现实中有关创业资源整合的案例，作为对教材案例的补充，进一步引导学生对于创业资源的思考。

2. 要求学生在课后将模拟创业融资的成果进行记录，思考目前资金是否可支持模拟创业，以及未来应采取的策略，在第五章进行创业计划制订时，将如上结果融入创业计划书。

教学资源

《创业基础》示范教材、《创业基础教学手册》《创业基础》示范教材 PPT 课件、大学生创业模拟沙盘教学系统。

第三节　创业资源管理

教学目标

　　使学生了解创业资源整合和有效使用的方法，认识创业资源开发的技巧和策略。

教学要点

　　大多数创业者难以整合到充足的创业所需的资源。

　　开发创业资源是有效利用创业资源的重要途径。

　　开发创业资源表现为一些独特的创业行为。

▸ 教学逻辑

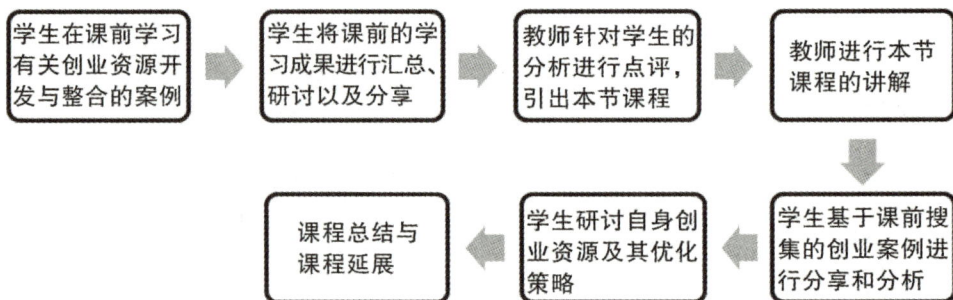

教学方法说明

本节各教学环节所对应的教学方法如下表所示：

教 学 内 容	教 学 方 法
学生在课前学习有关创业资源开发与整合的案例	学生分组自学、案例分析、实地考察
学生将课前的学习成果进行汇总、研讨以及分享	小组研讨、案例教学、展示分享
教师针对学生的分析进行点评，引出本节课程	教师点评
教师进行本节课程的讲解	PPT 演示、教师讲解
学生基于课前搜集的创业案例进行分享和分析	实地考察、师生互动、小组研讨与成果展示、现场答疑
学生研讨自身创业资源及其优化策略	分析研讨、师生互动、现场答疑
课程总结与课程延展	教师讲解

建议教师灵活运用各种教学方法进行本节授课，为具有创业意向的学生提供创业项目评估与创业资源整合方面的指导。

教学内容与方法详解

创业资源管理主要是对创业资源的整合和进一步的开发利用。对外部资源的整合和对内部资源的有效使用有利于资源之间协同效应的形成，并通过充分发挥各种资源的潜力建立企业的持久竞争优势。

【课前准备】

教师准备

☆ 教师完成有关补充案例的搜集，案例应具备的要素有：

　　∨ 创业项目的资金、人脉、政府的政策支持等创业资源

　　∨ 创业中如何获得上述资源

　　∨ 创业项目的上下游业务链构成

学生准备

☆ 案例学习

　　√ 在课前学习示范教材案例以及教师提供的实际创业案例基础上，
　　针对案例中的创业资源开发与整合等问题进行思考。

　　√ 各组学生将思考结果进行汇总和研讨，选派一名学生进行班内
　　分享。

☆ 拓展训练

图 4-3　创智汇德大学生创业素质训练沙盘训练现场——学生正在进行小组研讨

　　√ 各模拟创业团队根据自身的模拟创业项目，搜集类似的创业案例，
　　对该案例的资源进行分析和归纳。

　　√ 以模拟创业团队为单位，将各成员的分析和归纳结果进行汇总和
　　研讨，确定一名学生进行展示。

　　√ 各模拟创业团队围绕所具有的模拟创业资源进行盘点分析，对于
　　创业启动和创业经营所欠缺的资源进行补充和完善。

　　√ 具有创业意愿的学生，针对自身的真实创业项目，进行资源盘点，
　　思考创业资源优化策略。

【课堂教学】

案例分析一

• 教学方法

　　本节授课开始，教师针对示范教材案例《熟人介绍的作用》以及教师提供的
扩展案例，选择 2～3 个小组对案例学习的成果与感受进行班内的学习分享；
学习相同案例的各组学生结合其学习感受与分析进行完善与补充。

　　教师可针对学生的感受和分享，进行分析点评，点评要点有：

☆ 在各种创业资源中，人脉作为一种特殊的资源具有哪些作用？

☆ 开发人脉资源的方法和要点是什么？

☆ 如何维系和拓展人脉资源？

• 教学内容

结合示范教材 PPT 课件，针对如下内容进行讲解：

创业资源开发是指创业者开拓、发现、利用新的资源或其新的用途的活动。

一、不同类型资源的开发

（一）人脉资源开发

1. 人脉规划：人脉资源既要有广度和深度，又需要有关联度。

2. 人脉拓展途径：熟人介绍是一种事半功倍的人脉资源扩展方法。

3. 人脉经营原则：如果能在社团中谋到一个组织者的角色，就可以得到服务他人的机会。建立和维持人脉资源需要遵循互惠互利、诚实守信、分享、坚持和"2/8"原则等。分享是一种最好的建立人脉资源的方式，分享越多得到的就会越多。提高人际交往能力要求创业者具有平等的理念、宽容的态度、换位思考的意识和善于倾听的技巧。

（二）客户资源开发

1. 开拓新客户：为争取到重要的客户，创业者往往需要亲自出马，用诚意获取客户的信任，而且可以不计成本。

创业者和新创企业可以通过特殊待遇或优惠、模仿、设计、广泛搜寻、循序渐进、"放长线钓大鱼"等策略开拓新客户。

通过模仿一些大规模、更成熟的公司的外在形式，可以使人们对新创建企业的稳定性产生一种不假思索的信任。

通过精心设计沟通的语言和方式，向不同的资源拥有者展示创业者或新创企业的形象。

为了找到最合适的资源供给者，创业者必须充分动用各方面的关系广为宣传，想方设法接触尽可能多的客户，直到找到最佳人选。

大部分生意的获利，都是靠那些成年累月一再光顾、重复采购的客户。

2. 留住老客户："2/8 法则"，留住老客户的方法有增加客户的忠诚度、加大客户的转移成本、进行用户锁定等。

案例分析二

• 教学要点

组织学生针对案例《农民创办农具博物馆》以及教师提供的扩展案例进行分享，方式与"案例分析一"相同。教师针对学生的感受和分享进行分析点评：

☆ 创业资源整合对于创业项目的催化作用

☆ 创业资源优化的方法和途径

• 教学内容

结合示范教材 PPT 课件，针对以上内容进行讲解。

二、有限创业资源的创造性利用

（一）利用自有优势

步步为营不仅是一种最经济的方法，也是在有限资源的约束下获取满意收益的方法；不仅适合小企业，同样适用于高成长企业、高潜力企业（所谓步步为营是指在缺乏资源的情况下，创业者分多个阶段投入资源，并在每个阶段或决策点投入最少的资源）。

1. 企业不可能获得充足的来自银行家或投资者的资金。

2. 新创企业所需外部资金来源受到限制。

3. 创业者推迟使用外部资金的要求。

4. 创业者对自己掌握企业全部所有权的愿望。

5. 使可承受风险最小化的一种方式。

6. 创造一个更高效的企业。

7. 使自己看起来更"强大"以便争夺顾客。

8. 为创业者在企业中增加收入和财富。

9. 审慎控制和管理的价值理念。

（二）创造性拼凑资源

1. 创造性拼凑的概念和要素：创造性拼凑有三个关键要素——身边的已有资源、新的目的和将就使用。

2. 创造性拼凑的策略选择：利用身边现有资源，快速应对新的情况便成为创业成功的利器。

创业者在整合手头的资源去应对新问题或新机会时，应采用选择性的拼凑策略。

大量生存性创业的企业一直无法扩大规模，进入较大发展空间的原因主要是因为其采用全面性拼凑策略造成的。

（三）利用杠杆效应

最适合的杠杆就是创业者个人的素质和能力。

容易产生杠杆作用的是其社会资源。

案例分析三

• 教学要点

组织学生针对案例《起步项目依赖的技术》以及教师提供的扩展案例进行分享，方式与案例分享一相同。针对学生的对于该案例的分析和分享，教师对以下要点进行点评：

☆ 创业规划对于创业资源整合的指导作用是什么？

☆ 创业者和创业团队的软实力对于创业资源整合有哪些影响？

☆ 如何整合创业资源达到双赢/多赢的效果？

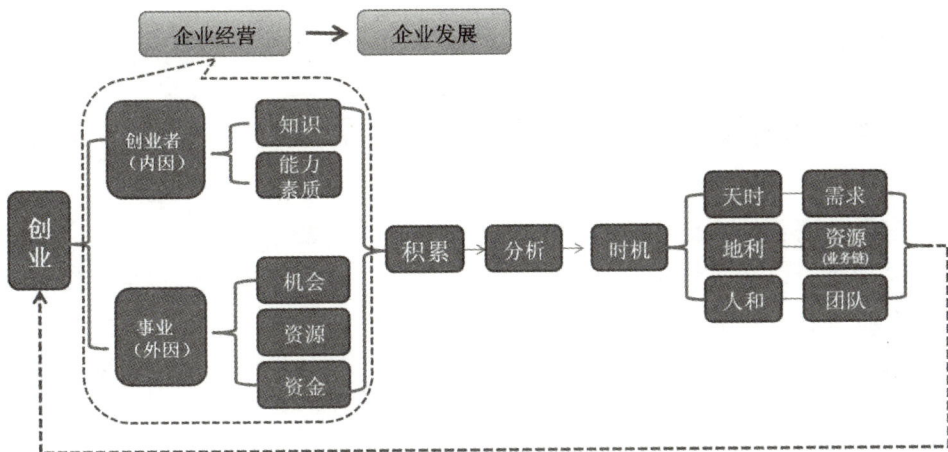

图 4-4　创智汇德大学生创业素质训练沙盘创业逻辑图

• 教学内容

结合示范教材 PPT 课件，针对以下内容进行讲解：

资源整合是创业资源开发的核心，是资源开发的推进器。

资源整合就是创业者通过协调各种资源之间的关系，匹配有用资源，剥离无用资源，充分发挥各种资源的效用。

三、创业资源开发的推进方法

(一)识别利益相关者及其利益

整合外部资源一定要关注有利益关系的组织和个人。

创业者整合资源的第一步是把这些利益相关者一一识别出来，把他们之间的利益关系辨析出来，甚至有的时候还需要创造出来。

一般来说，寻找利益相关者就是要寻找那些具有共同点的人，同时也需要寻找可以互补的人。

(二)管理好保持企业持续成长的人力资本

企业持续成长需要大量的人力资源作为支撑，保持企业持续成长对人力资源管理提出更高的要求(高素质的人力资源是企业持续成长的根本，管理好人力资源是企业持续成长的重要保证)。

(三)构建双赢的机制

双赢的机制是指创业者在进行资源整合的时候，一定要兼顾资源提供者的利益，使资源提供和使用的双方均能获益。

要与外部的资源所有者进行合作，创业者还需要构建一套能够使各方利益真正实现共赢的机制。

(四)维持信任长期合作

资源整合以利益为基础，需要以沟通和信任来维持。沟通是产生信任的前提，信任是社会资本的重要因素。

创业者还应该尽快地从人际信任，过渡到制度信任，从而建立更宽泛的信任关系，以获取更大规模的社会资本。

【教学训练】

1. 应用本章第一节和第二节的教学训练成果(包括创业团队组建、创业项目选择、创业资源获取与创业资金积累结果)，组织学生以模拟创业团队为单位，在课前根据团队的模拟创业项目，搜集与之相似的创业案例，对该案例的创业资源进行分析，并基于以下要点进行分享：

(1)案例中的创业项目与本团队的模拟创业项目具有哪些相似点？

(2)案例中的创业团队整合的创业资源有哪些？

（3）案例中的创业团队采取了哪些资源整合的途径？

（4）创业资源对于该创业项目的成功/失败起到了何种作用？

2. 各模拟创业团队选派一名学生进行分享和展示，每团队限时 10 分钟。

3. 每组分享结束后，其他团队的学生可针对该团队的分享内容提出建议或进行提问，由团队成员进行解答。

4. 在每个团队分享结束后，教师就学生的模拟创业项目与案例之间的异同进行简要点评，引导学生思考如何将自身资源进行整合与优化。

5. 以模拟创业团队为单位，对自身模拟创业项目进行研讨，研讨基于以下要点：

（1）本团队的成员分别具有哪些创业资源？

（2）针对本团队的模拟创业项目，还欠缺哪些创业资源？

（3）针对目前的资源状况，应采取何种应对策略？

（4）针对本团队的成员分别具有的创业资源，是否需要在团队成员的股份中得以体现？团队成员的分工与其所掌握的创业资源应是什么关系？

（5）团队现有的创业资源与创业项目的核心竞争力是什么关系？

6. 各团队选派一名学生宣讲研讨的结果，其他学生可以提出补充建议或提出问题，由团队成员进行解答。

7. 教师针对各团队资源优化的合理性、可行性进行简要点评。

8. 对于具有创业意向的学生，教师引导其针对自身实际创业的项目和资源进行分析。

9. 教师针对创业项目的可行性、创业资源的完备性、资源优化的合理性进行点评，协助学生找到弥补资源欠缺的方法，为学生的实际创业提供指导。

10. 教师结合学生对于创业资源的思考，基于《创业基础》示范教材的本章小结部分，对本节课进行系统总结。

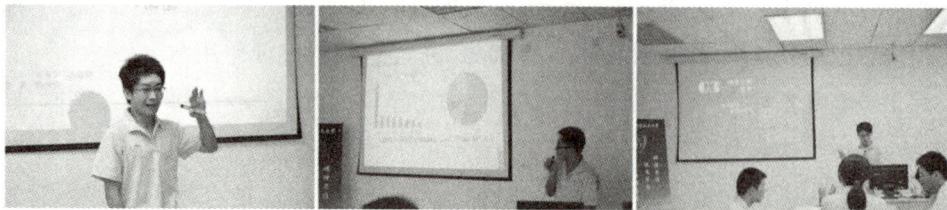

图 4-5 创智汇德大学生创业素质训练沙盘训练现场——小组代表正在进行创业计划书的宣讲

教学建议

本节内容所讲授的创业资源管理是对第一节内容的深化和扩展，同时也为第五章的创业计划和创业宣讲提供准备。所以本节的教学在知识传授与能力训练的同时，应注重启发学生联系实际生活中或沙盘训练模拟中的创业项目进行分析和研讨，并为具有创业意向的学生提供指导。

建议在教学训练的过程中，引用之前沙盘模拟训练的成果（如创业团队组建、创业项目选择、创业资源积累等），从而保持训练的连贯性和整体性；对于具有创业意向的学生，可适当引导其采用实际的创业项目进行练习；在教学训练中引发学生挖掘可利用的创业资源，充分调动身边的资源为创业服务。

【考核建议】

应用试题笔试的方式考核学生对于本节知识的学习和掌握情况。

应用模拟训练评价的方式考核学生的资源整合能力，将学生在教学训练环节所进行的创业资源优化研讨结果融入创业资源中，与本章第一节的创业资源考核合并进行。

【教学延展建议】

建议教师在教学中考虑到本节与第一节的区别和联系，以及对于第五章教学的启发作用，在进行其他章节的教学中，提示创业资源优化对于创业机会转化为创业项目以及创业计划制订等方面的作用。

为体现学生在训练过程中对于创业活动的深化理解以及学生的个人成长，强化本节授课的效果，建议安排学生课后作业，并作为第五章授课的课前准备。

【作业建议】

要求学生基于沙盘模拟训练中的模拟创业项目、创业资源以及资源优化结果，制订创业计划书，在下一章进行分享。

对于具有创业意向的学生，引导其基于模拟训练的启发，引用实际的创业项目、创业团队以及创业资源，形成创业计划书，启发学生思考创业计划书的作用，以及如何启动创业。

教学资源

《创业基础》示范教材、《创业基础教学手册》《创业基础》示范教材 PPT 课件、大学生创业模拟沙盘教学系统。

第五章　创业计划

　　了解与创业计划相关的基本知识点，如创业计划的定义、作用、创业计划书的定义、作用，掌握创业计划具体成文过程中必要的信息搜集方法与技巧，把握市场调查的内容与方法。

　　明确创业计划与创业计划书的区别与联系，学会撰写创业计划书、明晰创业计划书的撰写原则，基本要求与写作技巧，能够把创业设想变成文字现实。

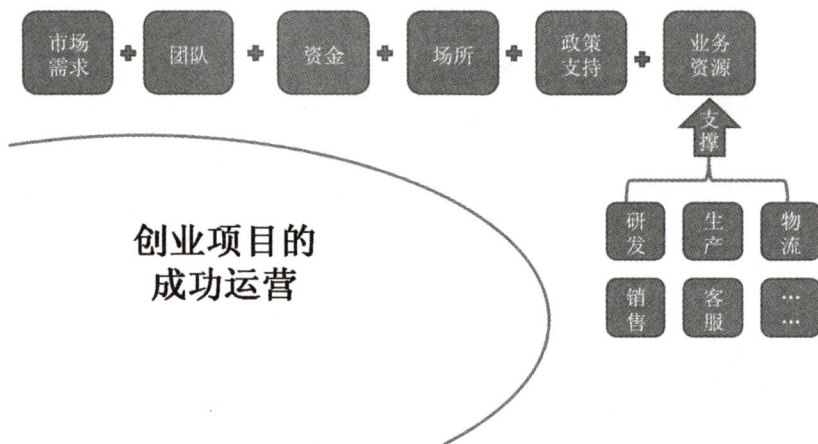

市场需求 **+** 团队 **+** 资金 **+** 场所 **+** 政策支持 **+** 业务资源

↑ 支撑

研发　生产　物流

销售　客服　……

创业项目的成功运营

本章教学要点

【创业计划书的内容】

【创业信息搜索渠道】

【市场调查的作用及方法】

【创业项目可行性分析】

【创业计划书的撰写原则与技巧】

【创业计划书的宣讲方法与技巧】

本章教学逻辑图

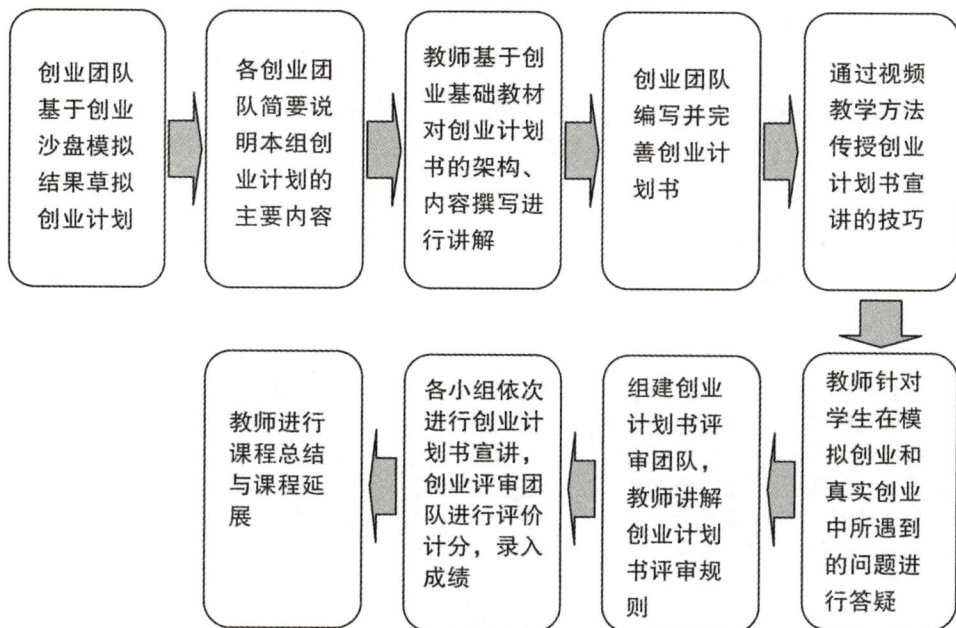

创业团队基于创业沙盘模拟结果草拟创业计划 → 各创业团队简要说明本组创业计划的主要内容 → 教师基于创业基础教材对创业计划书的架构、内容撰写进行讲解 → 创业团队编写并完善创业计划书 → 通过视频教学方法传授创业计划书宣讲的技巧 ↓

教师进行课程总结与课程延展 ← 各小组依次进行创业计划书宣讲，创业评审团队进行评价计分，录入成绩 ← 组建创业计划书评审团队，教师讲解创业计划书评审规则 ← 教师针对学生在模拟创业和真实创业中所遇到的问题进行答疑

第一节　创业计划

教学目标

　　了解创业计划与创业计划书的定义、作用，掌握创业计划具体成文过程中必要的信息搜集方法与技巧，把握市场调查的内容与方法。

教学要点

　　创业计划可以使创业者胸有成竹，事半功倍。

　　创业计划书的主要内容包括封面、摘要、市场分析、企业介绍、营销计划等几大部分。

　　创业计划中的信息搜集和利用渠道很多，比如间接经验、市场调查、实地走访。

　　市场调查主要为了帮助企业更好地做出决策，以减少失误，降低损失。市场调查方法有询问法、观察法、抽样法等。

▸▸ 教学逻辑

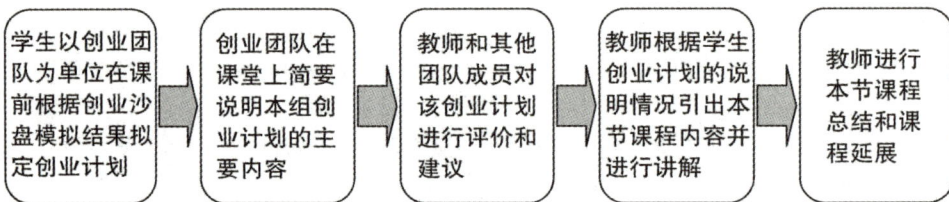

学生以创业团队为单位在课前根据创业沙盘模拟结果拟定创业计划 ➡ 创业团队在课堂上简要说明本组创业计划的主要内容 ➡ 教师和其他团队成员对该创业计划进行评价和建议 ➡ 教师根据学生创业计划的说明情况引出本节课程内容并进行讲解 ➡ 教师进行本节课程总结和课程延展

教学方法说明

教 学 内 容	教 学 方 法
学生以创业团队为单位在课前根据创业沙盘模拟结果拟订创业计划	沙盘模拟、分组研讨、课前预习
创业团队在课堂上简要说明本组创业计划的主要内容	学生课堂展示
教师和其他团队成员对该创业计划进行评价和建议	教师点评、学生互评、师生互动
教师根据学生创业计划的说明情况引出本节课程内容并进行讲解	PPT 讲解、课堂互动
学生围绕自己团队的创业项目进行实地市场调查，分析创业项目的可行性并根据市场调查分析结果调整、优化创业计划，编制完成创业计划书	教学实践、分组研讨

教学内容与方法详解

【课前准备】

教师准备

准备一份标准的创业计划书，在课堂中向学生展示，为学生提供参考性建议。

学生准备

要求学生基于第四章沙盘模拟训练中的创业项目和创业资源，或者基于模拟训练的启发，引用实际的创业项目、创业团队以及创业资源，制订创业计划书。

【课堂教学】

创业计划说明

· 操作步骤

1. 学生依据沙盘模拟训练的结果组建创业团队，以创业团队为单位，说明创业计划。如果未进行沙盘模拟训练，则由学生自行组建团队，教师随机分配一定数量的创业项目和创业资金、资源信息等，由团队讨论后选定项目，选择所保留的创业资金和资源信息。

2. 每个团队限时 3 分钟，针对本团队如何选择创业项目、如何组建团队、如何进行资源整合与优化、如何启动创业，进行说明。

3. 在每个团队说明之后，组织其他团队的学生就创业计划的清晰程度、可行性进行评估和建议。

• 教师点评

教师针对各团队草拟的创业计划进行点评，指出该创业计划的结构是否合理、内容是否完备、说明是否清晰，论证该创业项目的可操作性。

创智汇德大学生创业素质训练沙盘——《创业计划书》简化表

创业者信息						
发起者	编号	专业	能力	知识	股权	职务
创业合伙人	编号	专业	能力	知识	股权	职务
	编号	专业	能力	知识	股权	职务
	编号	专业	能力	知识	股权	职务
创业项目信息						
项目名称				项目难度		
创业类型	□ 生产研发领域				□ 营销服务领域	
创业计划说明						
项目背景与市场需求						
创业资金	可筹集资金共计：_____。 其中，自有资金：_____； 亲友资助：_____； 银行贷款：_____； 扶持资金：_____； 奖励资金：_____。 拟注册资本金：_____。					
经营场所	□ 经济开发区(48000元/年) □ 创业园(24000元/年) □ 科技园(30000元/年) □ 孵化园(12000元/年) □ 本校创业基地(6000元/年) 场所选择说明：					

扶持政策		☐ 照章纳税	☐ 税收优惠
		税收优惠说明：	
		其他政策说明：	
主要经营环节	研发	☐ 自主研发　　　　　　　　　　☐ 合作研发 ☐ 代理研发	
		选择说明：	
	生产	☐ 自主生产　　　　　　　　　　☐ OEM 委托生产 ☐ 市场采购	
		选择说明：	
	推广	策略说明：	
	销售	策略说明：	
	物流	策略说明：	
	客服	策略说明：	
核心竞争力说明			
不足及弥补措施			

知识讲解

• 教学方法

建议老师采用学生说明、互动讨论、教师点评总结和模板学习的方式讲解创业计划的内容、结构。

• 教学内容

根据学生创业计划的说明情况教师可讲解以下内容：

创业计划是创业者对企业发展的整体规划，它不仅是企业融资所必须具备的基本工具，更能够使创业者通过计划书的编制重新审视企业的经营情况，深入了解企业的核心竞争力，评估企业的发展策略。

一、创业计划的作用

（一）创业计划是创业者把握企业发展的总纲领

创业计划的内容有两大方面，一是企业追求的目标；二是为了实现这一目标的行动规划。行动和目标越一致，创业计划的可行性越高，创业成功的概率越大。

（二）创业计划是投资者决定是否投资的重要参考

从融资角度来看，创业计划通常被喻为"敲门砖"。

（三）创业计划是创业团队及合作者共同奋斗的动力和期望

创业计划书是创业者对理想的现实阐述，是理想与现实的连接桥梁。

明晰的创业计划，有助于团队统一思想和路线，有助于团队步调一致、有的放矢。

（四）创业计划为企业经营活动提供依据与支撑

创业计划是为企业发展所做的规划。企业创立与成长过程需要由创业计划引领。

创业计划是企业活动的有力依据和有效支撑，对创业行动具有指导作用。

二、创业计划的内容

创业计划的内容一般围绕企业的发展目标、商业模式、竞争能力、市场调查结果进行制订完善。

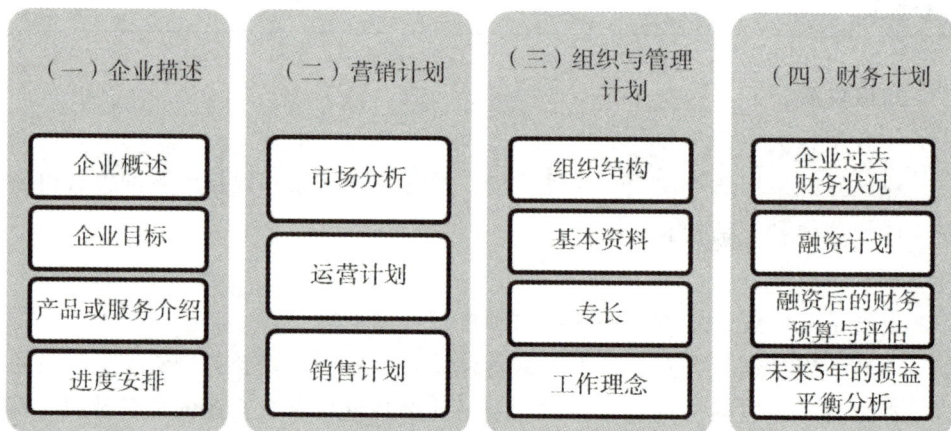

（一）企业描述	（二）营销计划	（三）组织与管理计划	（四）财务计划
企业概述	市场分析	组织结构	企业过去财务状况
企业目标	运营计划	基本资料	融资计划
产品或服务介绍	销售计划	专长	融资后的财务预算与评估
进度安排		工作理念	未来5年的损益平衡分析

（一）企业描述

企业描述是对创业企业的相关各项事宜的总体介绍。

1. 企业概述
2. 企业目标
3. 产品或服务介绍
4. 进度安排

（二）营销计划

1. 市场分析：市场分析主要描述过去、现在和未来的市场需求，分析市场潜力，预测市场价格的发展趋势，列举市场上主要竞争者的优势和劣势，明确竞争策略。

2. 运营计划：运营计划提供了有关产品生产和服务开发方面的信息。

3. 销售计划：销售计划主要说明未来的销售策略（销售方法、促销手段、定价策略）、销售计划、销售渠道、宣传方式与成本预算。

（三）组织与管理计划

包括组织结构、基本资料、专长、工作理念。

（四）财务计划

财务计划主要包括企业过去财务状况、融资计划、融资后的财务预算与评估及未来 5 年的损益平衡分析。

三、创业计划的基本结构

一份完整的创业计划书一般由标题、目录、正文和附录四部分组成。

（一）标题

（二）目录

（三）正文

摘要是整份计划书的精华和亮点，也是整份计划书的灵魂。它涵盖了整份计划书的要点，摘要的品质，是决定投资者投资的关键。

一份出色的摘要需简短而精练，1～2 页纸即可；

主体是对摘要的具体展开；

结论是对整个创业计划书内容的总结式概括。

（四）附录

附录是对主体部分的补充。

四、市场调查的内容和方法

行之有效的创业计划离不开全面的市场调查。市场调查，顾名思义，即调查市场状况、周边环境和消费者需求，通过搜集、整理、分析有关市场营销的数据信息，了解市场现状和发展趋势的过程。

（一）市场调查的价值

1. 通过市场调查，创业者能了解行业资讯，避免决策错误

调查者在对产品、销售、竞争对手、消费者购买行为等市场行情做出调研后，能基本了解行业情况。

2. 通过市场调查，创业者能准确把握信息，部署有效战略

根据调查结果，创业者能够知己知彼，在了解消费者需求、评估市场运营、发现市场机会和分析行业发展态势的基础上，可以明确企业发展目标，制订营销计划，确立组织和管理要略，确定财务计划。

（二）市场调查的内容

1. 市场需求调查：所谓市场需求调查，即调查现有市场的购买需求和趋势。

2. 经营环境调查：

（1）宏观环境调查：宏观环境指影响企业的各种宏观力量，包括经济环境（社会经济结构、经济发展水平、经济体制和政策、当前经济状态）、社会和文化环境（人口因素、社会流动性和各阶层对企业的期待、消费者心理、文化传统和价值观）和政治法律环境（政治局势、政府行为、法律和法规、路线方针等）。

（2）行业环境调查：行业环境调查即调查经营项目所属行业的历史、现状、趋向、结构、行规和管理。

3. 竞争对手调查：竞争对手调查是一项关于竞争环境、竞争对手和竞争策略的调查研究。

4. 经营策略调查：经营策略调查即调查本企业产品的价格、销售渠道、广告、商标及外包装等存在的问题和跟进情况。

（1）销售策略调查。

(2)广告策略调查。

（三）市场调查的步骤

市场调查工作必须有计划、有步骤地进行，以防止调查的盲目性。一般来说，市场调查可分为确定目标、正式调研、分析资料、撰写报告四个阶段。

1. 确定目标：科学的市场调查需要明确调查目标，有针对性地获取关联信息，高效地解决问题。

2. 正式调研：首先确定应该搜集哪些资料，接下来要确定搜集资料最有效的方式。

3. 分析资料：调查员可以先对这些资料分别从价值大小、适用领域等角度进行分类，以方便取用。接着可以进行全面检查，多余的先剔除，遗漏的再填补。最后是资料分析，并将分析结果以统计图表的样式展示出来。

4. 撰写报告：调查报告重在报告调查结果，从中得出调查结论。

（四）市场调查的方法

1. 询问法：调查员准备好调查表或提纲，向被调查者了解情况，获取信息，这就是询问法。

（1）人员访问：人员访问是调查者通过与被调查者面对面交谈来获取市场信息的一种调查方法。

（2）电话访问：电话访问顾名思义是通过打电话的方式向被调查者获取信息。

（3）问卷调查：按照问卷的媒介，问卷调查法又分为传真问卷、信函问卷、网络问卷、报刊问卷和实地问卷五种常见样式。

（4）小组座谈：从目标市场中抽取一群人，一般以 6～10 人为宜，来探讨相关话题的一种调查方式。

与问卷调查相比，小组座谈是了解消费者内心想法的最有效的工具。

2. 观察法：观察法是一种直接的极具现场感的调查方法。

调查员到某个现场对调查对象进行实地观察，依据市场调查目标，系统地记录调查对象的各种行为方式。

3. 抽样法：抽样调查法是从全部单位中抽取一部分样本进行考察和分析，通过部分去归纳整体的一种调查方法。

4. 实验法

此外，还有数据法、试销法等其他的市场调查方法。

【教学训练】

训练建议：

1. 教师可安排教学训练一、教学训练四让学生在课外完成，教学训练二、教学训练三让学生在课堂完成。

2. 教师可根据学生课堂说明展示的实际情况（主要针对教学训练二、教学训练三），系统而有侧重地讲解创业计划书的结构、内容，同时向学生说明完善创业计划书的技巧和建议。

教学训练一

学生依据沙盘模拟训练的结果组建创业团队，以创业团队为单位，参照沙盘模拟训练中的相关表格和要求编制创业计划。如未进行沙盘模拟训练，可由学生自行组建团队，以 3～4 人为宜。

教学训练二

各创业团队推选一名代表，在课堂上进行本组创业计划说明，通过抽签的方式决定发言次序。

教学训练三

在各创业团队进行创业计划说明时，教师组织其他学生对其创业说明进行提问或者提出优化建议。

教学训练四

请学生围绕自己团队的创业项目进行实地市场调查，分析创业项目的可行性并根据市场调查分析结果调整、优化创业计划，编制完成创业计划书，过程中注意思考以下问题：

1. 如何针对创业项目进行市场调查分析？

2. 如何保证市场分析结果的效度与信度？

3. 如何在市场调查分析结果的基础上调整优化创业项目？

图 5-1　创智汇德大学生创业素质训练沙盘训练现场——创业
团队组建、创业计划宣讲、创业项目评价

教学建议

创业计划的制订需要在综合考虑创业机会、创业团队的自身条件、创业资金以及创业资源状况的基础上完成。因此，在进行本章节的教学时，教师可联系第二、三、四章的相关知识和理论，启发学生关注创业活动中应考虑的多方因素，使本章的课程教学更具有现实意义。

在进行本节教学时，建议教师结合示范教材、配套 PPT 课件，让学生充分参与到课程进行中，让学生在创业计划说明中发现自己的不足，便于进一步完善创业计划书。同时活跃课堂气氛，体现教学互动，营造创业教育氛围。

【考核建议】

本节内容的考核建议采用宣讲答辩的形式，可在创业计划的说明与答辩过程中综合考查学生在《创业基础》课程中学习的相关知识，以及分析能力、表达能力、应变能力等。

【教学延展建议】

为了便于与本章第二节教学内容衔接，并使本节教学内容得以巩固，建议安排学生课后作业，并作为第二节教学的课前准备。

【作业建议】

学生根据教师在课堂中对创业计划内容的讲解，在课后编写完整的创业计划书，编写时应注意以下内容：

☆ 创业计划书的编制应以沙盘模拟训练的结果为依据。

☆ 创业计划书的编制应汲取创业说明时教师及其他学生给予的优化建议。

☆ 创业计划书的编制应结合本创业团队对创业项目市场调查分析的结果。

☆ 创业计划书的编制应是创业团队成员集体智慧的结晶。

创业计划书评价表

创业项目信息					
项目名称					
项目类型	□生产研发领域		□营销服务领域		

创业者信息					
成员	编号： 专业： 能力： 知识： 分工：				备注：
	编号： 专业： 能力： 知识： 分工：				
	编号： 专业： 能力： 知识： 分工：				

具体评分方法		
信息类别	说　　明	评分
扶持信息	有利于企业经营的，非直接给予资金的扶持类信息，如税收、管理支持、营销支持等： ◆4条以上（含4条）为A等； ◆2条至3条为B等； ◆1条以下（含1条）为C等。	
资金信息	创业者资金总额： ◆30万元以上（不含30万元）为A等； ◆10万元至30万元为B等； ◆10万元以下（不含10万元）为C等。	
场地信息	经济开发区	
	科技园	
	创业园	
	孵化园	
	本校创业基地	

市场需求和业务链资源支持	◆创业项目无市场需求依据，0分； ◆创业项目有基本的市场需求依据，10分； ◆创业项目有明确的市场需求，15分。	
	◆创业项目无上游业务资源支持，0分； ◆创业项目有相关的上游业务资源支持，10分； ◆创业项目有明确的上游业务资源支持，15分。	
	◆创业项目无下游业务资源支持，0分； ◆创业项目有相关的下游业务资源支持，10分； ◆创业项目有明确的下游业务资源支持，15分。	
团队	根据创业者团队成员的知识、能力结构，以及人员分工评定，总分15分。	
综合表现	从阐述完整性、创业操作步骤与计划缜密性、项目可操作性和有一定科学且合理的发挥与拓展四个维度评价： ◆四个维度全有，A档，15分； ◆欠缺1项至2项，B档，10分； ◆其余C档，5分。	
	总分： _____	

图 5-2　创智汇德大学生创业素质训练沙盘训练工具——《创业计划书评价表》

▸▸ 教学资源

《创业基础》示范教材、《创业基础教学手册》《创业基础》示范教学 PPT 课件、大学生创业模拟沙盘教学系统、《创业计划书》模板。

第二节　撰写与展示创业计划

教 学 目 标

　　明确创业计划与创业计划书的区别与联系，学会撰写创业计划书。明晰创业计划书的撰写原则、基本要求与写作技巧，能够把创业设想变成文字现实。

教 学 要 点

　　创业构想能否变成现实，做好可行性分析是关键，可行性分析是对项目经营及经济收益的综合性评估。

　　执行摘要是创业计划书主要内容的提纲。

　　创业计划书描述的对象不同，内容侧重不同，表述方式也不尽相同。

　　撰写一份成功的创业计划书，有其原则和技巧。

教学逻辑

```
┌──────────┐   ┌──────────┐   ┌──────────┐   ┌──────────┐   ┌──────────┐
│学生针对沙 │   │教师选择某 │   │          │   │教师在课堂 │   │          │
│盘模拟训练 │   │一创业团队 │   │播放TED创 │   │上安排学生 │   │组建创业  │
│中的创业项 │   │的宣讲PPT │   │投视频，教 │   │完善创业计 │   │评审团队， │
│目进行市场 │ → │进行教学点 │ → │师结合视频 │ → │划书，做宣 │ → │教师讲解  │
│调查分析,结│   │评，系统但 │   │内容讲述如 │   │讲准备，并 │   │创业计划  │
│合调查结果 │   │有侧重地讲 │   │何进行创业 │   │针对提出的 │   │书评审标  │
│调整完善创 │   │解本节内容 │   │宣讲      │   │问题进行答 │   │准与规则  │
│业计划书  │   │          │   │          │   │疑与指导  │   │          │
└──────────┘   └──────────┘   └──────────┘   └──────────┘   └──────────┘
```

```
┌──────────┐   ┌──────────┐   ┌──────────┐   ┌──────────┐   ┌──────────┐
│教师结合  │   │          │   │          │   │评审团依  │   │抽签决定各 │
│本节课程  │   │所有创业  │   │教师针对  │   │据创业宣  │   │创业团队的 │
│内容、各  │   │团队宣讲  │   │各创业团  │   │讲团队的  │   │宣讲顺序， │
│创业团队  │ ← │完毕之后， │ ← │队的宣讲  │ ← │整体表现  │ ← │并依次进行 │
│宣讲实际  │   │教师进行  │   │情况进行  │   │和评审标  │   │创业宣讲， │
│情况进行  │   │总体点评  │   │点评、提  │   │准与规则  │   │同时对评审 │
│总结和课  │   │          │   │出相关优  │   │进行评价、 │   │团提出的问 │
│程延展    │   │          │   │化建议    │   │量化打分  │   │题进行答辩 │
└──────────┘   └──────────┘   └──────────┘   └──────────┘   └──────────┘
```

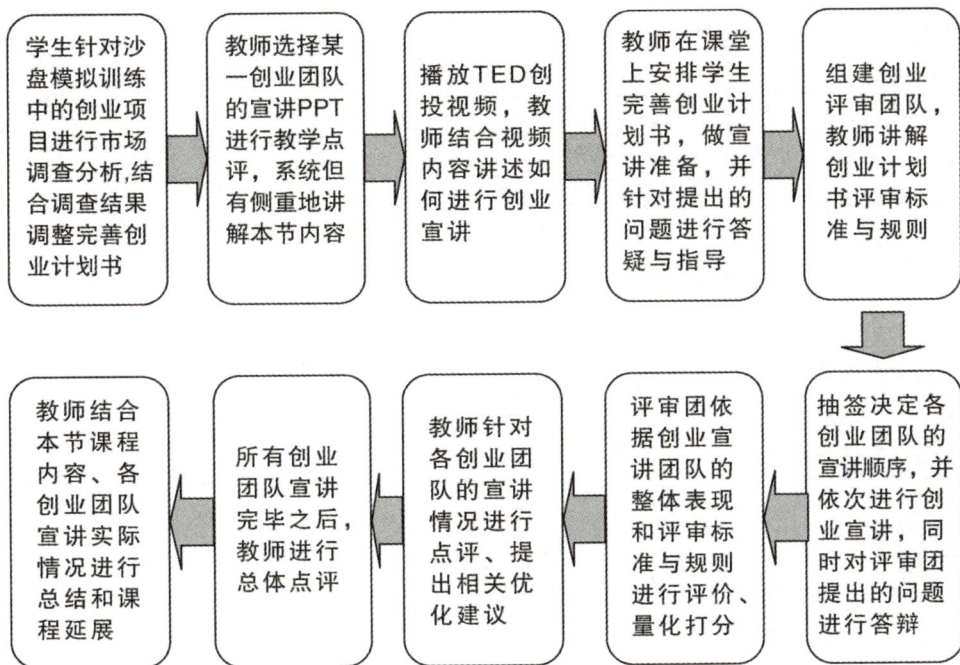

教学方法说明

教学内容	教学方法
学生针对沙盘模拟训练中的创业项目进行市场调查分析，结合调查结果调整完善创业计划书	沙盘模拟、教学实践、分组研讨
教师选择某一创业团队的宣讲 PPT 进行教学点评，系统但有侧重地讲解本节课程内容	教师点评、案例教学、PPT 讲解、师生互动
播放 TED 创投视频，教师结合视频内容讲述如何进行创业宣讲	视频教学、师生互动、PPT 讲解

教学内容	教学方法
教师在课堂上安排学生完善创业计划书，做宣讲准备，并针对提出的问题进行答疑与指导	现场答疑、师生互动
组建创业评审团队，教师讲解创业计划书评审标准与规则	学生互动、PPT 讲解
抽签决定各创业团队的宣讲顺序，并依次进行创业宣讲，同时对评审团提出的问题进行答辩	课堂展示、课堂答辩、学生互动
评审团依据创业宣讲团队的整体表现和评审标准与规则进行评价、量化打分	学生互动、教学课内实践
教师针对各创业团队的宣讲情况进行点评、提出相关优化建议	教师点评
所有创业团队宣讲完毕之后，教师进行总体点评	教师讲解、总结点评
教师结合本节课程内容、各创业团队宣讲实际情况进行总结和课程延展	教师总结、课程延展

▶▶ 教学内容与方法详解

【课前准备】

教师准备

1. 教师拟定评审规则，准备创业计划书评价表，创业计划书成绩统计表。

2. 教师准备当地人力资源与社会保障部门、当地工商部门、本校的创业指导中心、创业孵化园等创业服务中心或再就业中心等地方的联系地址与联系方式。

学生准备

1. 各创业团队围绕创业项目，进行市场调查分析，并根据调查分析结果、沙盘模拟训练的结果、创业说明时教师及其他学生给予的优化建议，调整完善团队创业计划书，提高项目可行性。

2. 各创业团队在现有的创业计划的基础上，按照创业计划的规范架构，充分考虑创业计划对于创业企业发展以及创业融资等的重要作用，完善创业计划书。

【课堂教学】

知识讲解

• 教学方法

通过师生互动、PPT 演示、教师讲解的方式，为学生讲授撰写创业计划书的准备工作、撰写方法以及展示技巧。

• 教学内容

创业计划是一项艺术性的工作，学会撰写和展示创业计划书能够帮助创业者理顺创业思路，分析市场前景，预测创业风险，帮助创业者在创业路上未雨绸缪。撰写创业计划书需要做到详略得当、有理有据。一份高质量的创业计划书可以勾画出企业未来的经营发展蓝图，设计企业的发展战略，引导企业更有效地开展经营活动。在创作计划书中，创业者需要重新审视自己的产品，了解产品所处的行业、市场，分析企业的竞争对手，制订更加全面而长远的营销计划，评价现有的创业团队，预估企业的发展风险，制订未来的财务战略，从各个方面全面评估企业成长，制订未来行动规划。

一、研讨创业构想

创业计划书一方面要把计划中的企业展示给创业者自己；另一方面要把计划中的企业推销给风险投资家。

（一）研讨产品或服务

1. 概念陈述：概念陈述是包括向行业专家、潜在顾客提交产品或服务的基本的描述，并征求反馈意见的活动。

2. 研讨需求：企业所研发的产品或提供的服务是否被消费者需要，需求的程度有多大，是研讨产品或服务可行性的重要指标。

（二）研讨行业或目标市场

1. 行业分析：如何为将来的产品或服务打开销路，如何在激烈的市场竞争中取胜，首先要做的是对计划中的投产行业进行分析。

2. 目标市场分析：企业获得成功的关键要素之一就是对目标市场进行成功的价值定位。

（三）研讨创业团队及组织管理

初创企业进行团队及组织管理的研讨、分析非常必要。因为人是企业的核心，实际上人的才能、智慧和人与人之间的协作能力决定了企业的发展。

（四）研讨创业资源

初创企业是否有足够的资源维系企业生产活动、销售活动的正常开展，所有资源能否真正发挥效用，是资源研讨的核心。

（五）研讨财务

财务分析没有必要十分详细。

1. 研讨启动资金：首先是启动资金预测；其次是启动资金来源权衡。

2. 研讨潜在绩效：研讨潜在绩效需要与同类企业进行比较。

3. 研讨财务吸引力：企业财务吸引力与企业的预计销售额和利润率成正比。

二、分析创业可能遇到的问题和困难

因此，创业过程中的问题和困境终究是不可避免的。

1. 资源方面

2. 市场方面

3. 团队方面

4. 发展策略方面

5. 法规方面

三、凝练创业计划的执行概要

1. 企业介绍

2. 创业者及其团队介绍

3. 产品和服务

4. 市场分析

5. 营销策划和计划

6. 财务计划

7. 资金需求

8. 风险分析

鉴于摘要在创业计划书中的重要地位，摘要一定要简明生动，精练贴切，不用面面俱到。

必须注意，尽管摘要内容一般放在主体内容之前，但写作时摘要一定要安排在最后来写。

四、把创业构想变成文字方案

投资家克雷那说过，如果你想踏踏实实地做一份工作，那么请写一份创业计划书。它能迫使你进行系统的思考(有些创意可能听起来很棒,但是当你把所有的细节和数据写下来的时候,它自己就崩溃了)。

(一)封面设计

(二)企业介绍

企业简介如同自我介绍,目的就是让投资者认识该企业。

(三)市场分析

市场调研是为了了解你的客户。

1. 目标市场分析:详细的目标市场分析,能够促进投资者判断企业目标的合理程度以及他们承担的风险的大小。在对市场的分析中,创业者需要阐明这样的观点——企业处在一个足够大、成长前景非常广阔的市场中,并有足够的能力应对来自各方面的竞争。

2. 行业分析:行业是企业要进入的市场。在计划书中,创业者要分析所进入行业的市场全貌以及关键性的影响因素。

3. 竞争对手分析:竞争对手是这样一类企业——它们在市场上和你的企业提供着相同或者类似的产品和服务,并且在配置和使用市场资源过程中与你的企业具有一定的竞争性。

(四)产品(服务)介绍

投资家关注的焦点是,企业提供什么产品或服务及产品或服务能给消费者带来什么价值。

产品介绍包括:产品的名称、性质、市场竞争力、产品的研发过程、品牌、专利、市场前景,等等。

(五)人员及组织结构说明

所有的创业资源中,人是最宝贵的资源。创业者和团队管理的介绍是创业计划书中不可或缺的内容。

1. 主要管理人员介绍

2. 组织结构介绍

(六)市场预测

市场预测就是运用科学的方法,对影响市场供求变化的诸多因素进行调查研究,分析和预见其发展趋势,掌握市场供求变化的规律,为经营决策提供可靠的依据。通过市场预测,创业者能够把握市场未来的走势和发展动态,减少企业发展的不确定性，降低创业风险，使创业目标得以顺利实现。

（七）营销策略叙述

投资者可以从营销计划中参看企业进入市场的能力。

1. 有关产品及其整体规划

2. 分销渠道

3. 促销策略

（八）生产计划说明

生产计划的作用在于使投资者了解企业的研发进度和所需资金。

1. 厂房基本情况

2. 产品制造和技术设备现状

3. 生产流程及关键环节介绍

4. 新产品投产计划

5. 生产经营成本分析

6. 质量控制和改进计划及能力

（九）财务规划描述

一份好的财务规划可以帮助企业降低经营风险，增强风险企业的评估价值，提高企业获取资金的可能性。

1. 历史经营状况数据：创业者应设计未来三年的现金流量表、资产负债表和损益表。

2. 未来财务整体规划：创业者应设计未来三年的生产运营费用和收入状况，并以财务报表形式展示。

（十）风险分析

风险分析不仅能减轻投资者的疑虑，让他们对企业有全方位的了解，更能体现管理团队对市场的洞察力和解决问题的能力。

1. 市场风险

2. 技术风险

3. 资金风险

4. 管理风险

5. 其他风险

五、创业计划书的撰写和展示技巧

（一）撰写原则

1. 目标明确，优势突出：优秀的创业计划书一定要有一个明确的目标，能够呈现出项目的具体优势。

2. 内容真实，体现诚意：创业计划书一定要实事求是，而不要为了吸引投资夸夸其谈。

3. 要素齐全，内容充实：创业计划书内容和格式不是千篇一律的，但无论哪种项目的创业计划书都要涉及这些内容，即计划摘要、产品与服务、团队和管理、市场预测、营销策略、生产计划、财务规划、风险分析。

4. 语言平实，通俗易懂：在撰写创业计划书时，要尽量运用平实准确、通俗易懂的文字来表述。

通俗易懂，表达准确，也是创业计划书的成功之处。

5. 结构严谨，风格统一：受创业者精力、计划书篇幅、完成时间等因素影响，一份创业计划书通常由多人合作完成。

为了创业计划书的完美，最后应由创业团队中某一个人统一定稿。

6. 有理有据，循序渐进：没有详备的第一手材料，创业者很难在制订计划时做到有理有据，打动投资者。写计划书前应准备的材料包括市场调查报告、财务数据分析、运营具体案例、行业基本情况等。前期的资料准备得越完整，越能做到有的放矢、胸有成竹。

7. 详略得当，篇幅适当：因此，创业计划书一定要把握适度原则。一般情况下，要着重强调企业的优势和持续赢利的原因，比如市场分析、制造计划、竞争分析、营销方案、成本预算、风险分析与应对策略等。

（二）撰写技巧

1. 封面

2. 目录

3. 摘要

4. 企业概况

5. 市场分析

6. 产品介绍

7. 组织结构

8. 营销策略

9. 生产计划

10. 财务规划

11. 风险分析

12. 附录

创业计划书是个性的体现，并没有通用的模板。

视频教学

• 教学安排

教师安排 15 分钟的课时，为学生播放 TED 创投视频（*by David Rose*）。同时针对学生在模拟创业和真实创业中所遇到的问题进行答疑。

• 教学内容

针对创投视频内容，结合本节相关课程内容，教师可以让学生思考以下问题：

1. 创业者宣讲中需要展现自己哪方面的素质？

2. 创业者怎样展示创业计划书才具有说服力？

3. 创业宣讲的方法与技巧有哪些？

【教学训练】

训练要求

1. 以创业团队为单位将创业计划制作成 15 页左右的 PPT，用于创业宣讲演示（按 15 分钟展示进行准备）。

2. 要求每个团队选派一名学生组建创业计划评审团。

3. 教师讲解评审规则，强调评审重点。评审基于如下要素（见下表）。

创业计划书评审参考要素表

创业项目及项目运作	创业项目是否明确，创业项目的市场需求与市场分析是否完整
	创业场地的选取与选取依据的合理性
	促成项目成功运作的业务链分析是否具体完备
	商业模式选择的合理性
	创业计划的可操作性
	创业风险的规避能力
	创业资金的构成及项目注册资金
	核心竞争力的阐述是否明确
创业团队	创业团队的基本信息是否完整
	该创业团队获得哪些资源支持；资源支持是否与该项目相匹配
	创业团队成员的知识、能力、素质与创业项目的匹配度
综合表现	创业团队在宣讲时的综合表现

• 操作步骤

1. 组织各团队通过抽签的方式，决定创业计划书宣讲展示的次序。

2. 各创业团队依次进行创业计划书宣讲展示。

3. 评审团针对该团队的创业计划进行提问，创业团队进行答辩，评审团根据评审标准与规则给出成绩；对成绩进行统计，计算平均分作为该团队的模拟创业计划训练成绩。

• 教师点评

1. 教师就项目与宣讲展示表现，对每个团队进行及时且简略的点评。

2. 教师结合示范教材中的案例(如《七招看你的创业计划是否可行?》《摘要的关键问题》《营销计划的关键问题》等)，对创业计划展示环节进行系统分析和总结。

▸▸ 教学建议

建议教师结合示范教材、配套 PPT 课件、视频教学，充分调动学生参与课堂教学的积极性；建议采用模拟沙盘训练的结果，进行模拟创业计划书的编制和展示，使该课程的训练具有连贯性和整体性；教师可引导具有创业意愿的学生针对现实中的创业项目进行创业计划书的设计和展示；让学生在创业计划书展示的过程中发现自己的不足，不断调整、完善。

【考核建议】

本节内容的考核建议：创业计划书的编写与宣讲展示的成绩，纳入该课程的总成绩，建议占总成绩的 30％。

【课外训练建议】

学生到当地人力资源与社会保障部门、当地工商部门、本校的创业指导中心、创业孵化园等创业服务中心或再就业中心等地方进行实地考察，了解企业注册的流程以及注册所需的相关文件，了解上述部门对于创业者提供哪些服务，这些服务的流程是什么。进一步整理上述被调查部门之间的关系及不同部门提供服务的差异。学生结合实地考察结果，思考模拟创业或自身实际创业项目在场所方面应如何选择，如何进行创业启动。

【课后思考】

教师鉴于学生本节课的创业计划宣讲、创业意愿请学生思考以下问题：

1. 新企业在成立初期会遇到哪些风险，如何应对？

2. 新企业在成长初期如何进行团队管理、怎样去拓展业务、如何进行财务管理？

教学资源

《创业基础》教材、《创业基础教师指导手册》、创业基础教学 PPT、创业沙盘教学模拟系统、TED 创投视频、当地人力资源与社会保障部门、当地工商部门、本校的创业指导中心、创业孵化园等创业服务中心或再就业中心等地方的联系地址与联系方式。

第六章　新企业的开办

　　使学生了解注册成立新企业的原因、新企业注册的程序与步骤，以及新企业选址的影响因素等。认识新企业获得社会认同的必要性和基本方式。

　　使学生了解创办新企业后可能遇到的风险类型及其应对策略，掌握新企业管理的独特性，了解针对新企业的管理重点与行为策略。

本章教学要点

【企业的组织形式】

【企业的注册流程】

【企业注册的相关文件】

【企业应注意的法律与伦理问题】

【企业选址】

【新创企业的生存与管理】

【新创企业风险应对】

本章教学逻辑图

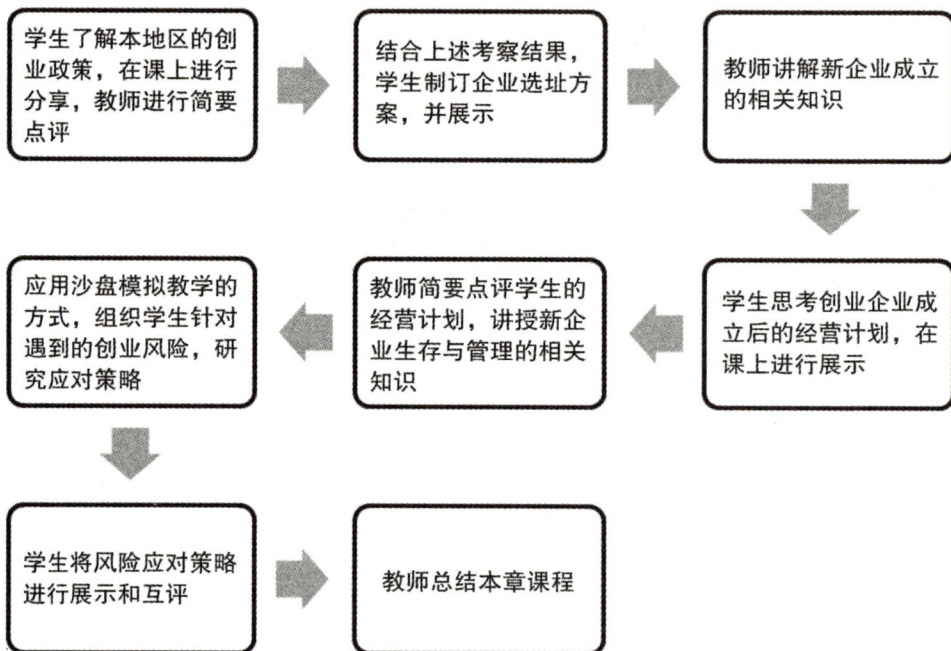

学生了解本地区的创业政策，在课上进行分享，教师进行简要点评

→

结合上述考察结果，学生制订企业选址方案，并展示

→

教师讲解新企业成立的相关知识

↓

应用沙盘模拟教学的方式，组织学生针对遇到的创业风险，研究应对策略

←

教师简要点评学生的经营计划，讲授新企业生存与管理的相关知识

←

学生思考创业企业成立后的经营计划，在课上进行展示

↓

学生将风险应对策略进行展示和互评

→

教师总结本章课程

第一节　成立新企业

教学目标

使学生了解注册成立新企业的原因、新企业注册的程序与步骤，以及新企业选址的影响因素等。认识新企业获得社会认同的必要性和基本方式。

教学要点

一家新创企业可以选择的组织形式有多种，主要有个人独资企业、合伙企业、有限责任公司(包括一人有限责任公司)和股份有限公司。

创业者在创建和经营企业的过程中，必须了解和遵守有关法律、法规，以确保自身和他人的利益没有受到非法侵害。与创业有关的法律主要包括专利法、商标法、著作权法、反不正当竞争法、合同法、产品质量法、劳动法等。

创建新企业时应注意伦理问题，包括创业者与原雇主之间、创业团队成员之间、创业者和其他利益相关者之间的伦理问题等。

新企业选址需要综合考虑政治、经济、技术、社会和自然等影响因素。其中经济因素和技术因素对选址决策起基础作用。

企业注册成立后，除遵纪守法外，还需要主动承担社会责任，才能获得社会认同。

教学逻辑

```
┌──────────────┐     ┌──────────────┐     ┌──────────────┐     ┌──────────────┐
│学生在课前走入 │ ──▶ │学生基于考察结 │ ──▶ │教师总结点评   │ ──▶ │学生研讨并完成 │
│社会，考察创业 │     │果分享各处政策 │     │              │     │创业企业选址方 │
│的相关扶持政策 │     │的异同         │     │              │     │案，并展示     │
└──────────────┘     └──────────────┘     └──────────────┘     └──────────────┘
                                                                        │
                                                                        ▼
┌──────────────┐     ┌──────────────┐     ┌──────────────┐
│课程总结与课程 │ ◀── │教师进行本节课 │ ◀── │教师点评答疑并 │
│延展           │     │程讲解         │     │引出本节课程内 │
│              │     │              │     │容             │
└──────────────┘     └──────────────┘     └──────────────┘
```

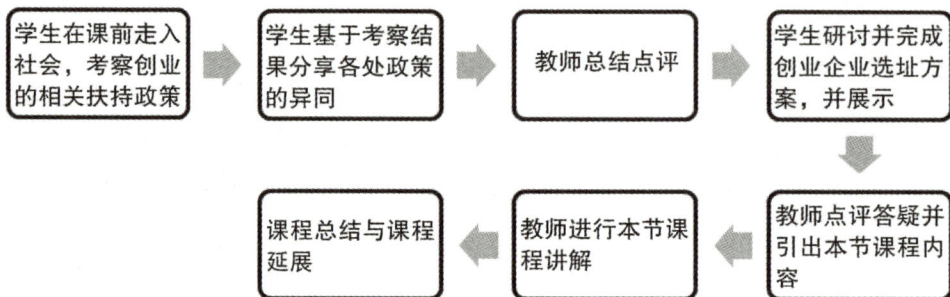

教学方法说明

教 学 环 节	教 学 方 法
学生在课前走入社会，考察创业的相关扶持政策	学生分组自学、实地考察
学生基于考察结果分享各处政策的异同	展示分享、师生互动
教师总结点评	教师点评
学生研讨并完成创业企业选址方案，并展示	小组研讨、展示分享
教师点评答疑并引出本节课程内容	教师点评
教师进行本节课程讲解	PPT 演示、图表说明、教师讲解
课程总结与课程延展	教师讲解

教学内容与方法详解

　　创业者成立新企业需选择合适的企业组织形式，了解企业注册流程，编写企业注册相关文件，考虑企业注册相关法律与伦理问题，掌握新企业选址策略和技巧，并承担企业的社会责任。

新企业在创建期，要认真思考选择适当的企业组织形式，选择合适的企业地址，更重要的是必须正确把握新企业基于创建与经营所面临的法律问题、伦理问题和社会责任问题。

【课前准备】

教师准备

了解本地与新企业开办的有关部门对于大学生创业的政策和措施，依据服务种类、服务流程、准备材料等要素进行汇总，形成一份说明图表。

学生准备

☆ 实地考察

学生到本地工商部门、本校的创业指导中心、孵化园、人力资源与社会保障部门的创业服务中心、社区的再就业中心等地方进行实地考察，了解如下内容：

- ∨ 企业注册的流程是什么？
- ∨ 企业注册需要准备哪些相关文件？
- ∨ 各部门对于创业者提供哪些服务，这些服务的流程是什么？
- ∨ 各部门对大学生创业有哪些优惠政策或特殊服务？
- ∨ 比较上述部门之间的关系和提供服务的差异。

☆ 选址方案

学生结合实地考察的结果，思考自身创业项目在选址方面应如何选择，形成一份简要的创业选址方案。

【课堂教学】

考察分享

1. 组织学生应用第二章至第四章的教学训练成果，即团队组建、创业项目选择、创业资金与资源获取结果，进行本环节的考察分享；在未进行上述训练的情况下，教师可以组织学生自行组建创业团队（每个团队 3～4 人），为每个团队随机发放若干创业项目信息以及创业资源和资金信息，由学生研讨后确定本团队的模拟创业项目和准备应用的创业资源。

2. 各模拟创业团队根据课前进行的实地考察，将考察结果进行汇总。

3. 教师选择 2～3 个团队进行分享，其他团队的学生进行补充。

4. 根据学生的分享，教师结合自己制作的说明图表，简要总结本地区对于创业的扶持政策。

选址展示

1. 组织学生以模拟创业团队为单位，针对课前准备的创业选址方案进行汇总研讨，形成一致意见。

2. 每个团队选定一名学生展示本团队的选址方案，方案中应体现如下要素：

(1)本创业团队的创业项目名称及简要介绍

(2)该创业项目对于办公环境、地理位置的要求

(3)与本项目相关的各部门对于大学生创业的优惠政策

(4)本创业团队以及创业项目在申请上述优惠政策方面的优势

(5)本创业团队所选定的有关办公地址的详细描述，如面积、租金、办公区域划分、装修风格等。

3. 每个创业团队依次分享创业选址方案，其他团队可提出意见和建议，供该团队参考。

4. 教师根据各模拟创业团队的选址方案，针对其可行性给予简要点评。

知识讲解

• 教学要点

结合示范教材 PPT 课件，为学生讲授企业组织形式与企业注册的相关知识。

• 教学内容

个人独资企业

合伙企业

公司制企业
•有限责任公司 •股份有限公司

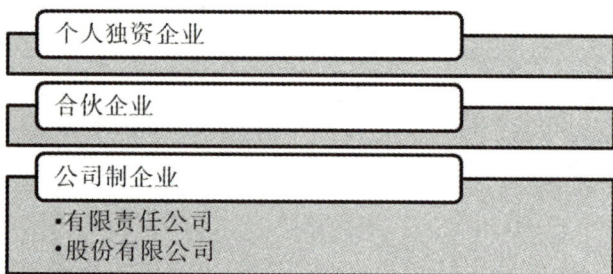

一、企业组织形式选择

企业组织形式是指企业财产及其社会化大生产的组织状态，它表明一个企业的财产构成、内部分工协作与外部社会经济联系的方式。

一家新创企业可以选择的组织形式有多种，主要有：个人独资企业、合伙企业、公司制企业(包括有限责任公司和股份有限公司)。

(一)个人独资企业

1. 个人独资企业的定义：个人独资企业是指依照《中华人民共和国个人独资企业法》在中国境内设立，由一个自然人投资，财产为投资人个人所有，投资人以其个人财产对企业债务承担无限责任的经营实体。

2. 个人独资企业的特征

3. 设立个人独资企业的条件

（二）合伙企业

1. 合伙企业的定义：合伙企业是指自然人、法人或其他组织依照《中华人民共和国合伙企业法》，在中国境内设立的普通合伙企业和有限合伙企业。

2. 合伙企业的特征

3. 设立合伙企业的条件

（三）公司制企业

公司是指依照《中华人民共和国公司法》在中国境内设立的有限责任公司和股份有限公司。

1. 有限责任公司：是指由一定人数的股东组成的、股东只以其出资额为限对公司承担责任，公司只以其全部资产对公司债务承担责任的公司。

（1）有限责任公司的定义

（2）有限责任公司的特征

（3）设立有限责任公司的条件

（4）一人有限责任公司：一人有限责任公司是指只有一个自然人股东或者一个法人股东的有限责任公司。

2. 股份有限公司

（1）股份有限公司的定义：股份有限公司是指由一定人数以上的股东组成，公司全部资本分为等额股份、股东以其所认购股份为限对公司承担责任、公司以其全部资产对公司债务承担责任的公司。

（2）股份有限公司的特征

（3）设立股份有限公司的条件

（四）各种企业组织形式优势与劣势比较

各种企业组织形式没有绝对的好与坏之分，对创业者而言，需要考虑的是选择哪一种企业组织形式更有利于所创建企业的生存与发展。

二、企业注册流程

企业注册是指创业者根据国家法律、法规相关规定获得合法经营手续的行为。

（一）新企业名称核准

新企业名称通常是生产某类产品或提供某类服务企业的专有名称，是用文字形式表示的一个企业区别于其他企业或组织的特定标志。

（二）新企业工商注册

工商注册登记是新企业开办的法定程序。

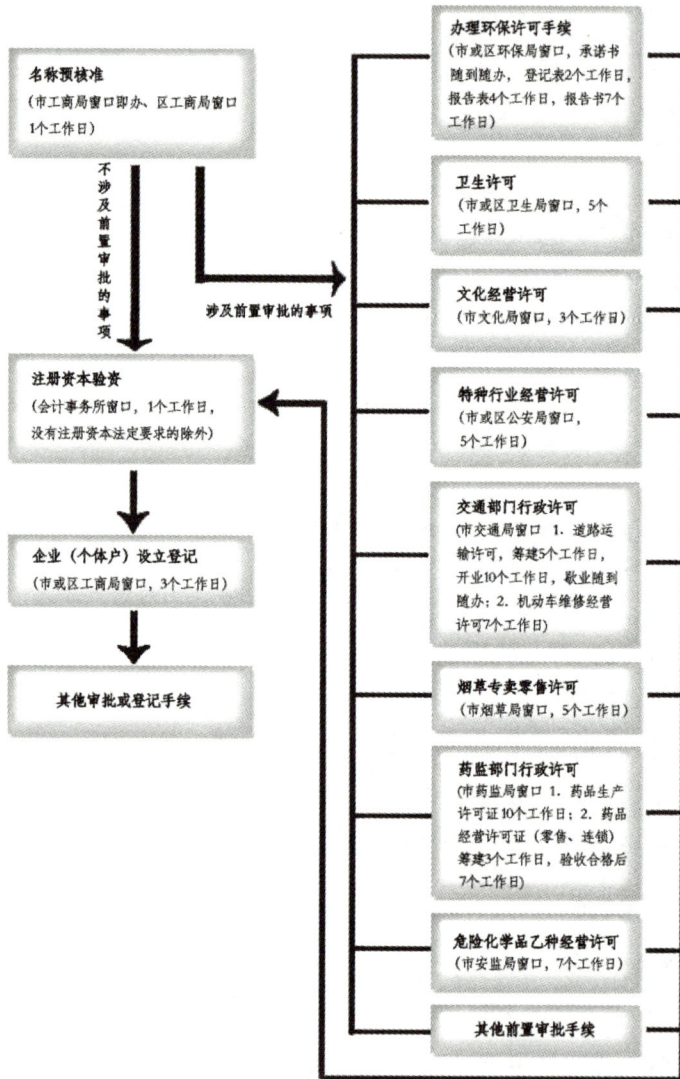

内资企业、个体工商户注册登记办理流程

名称预核准
（市工商局窗口即办、区工商局窗口1个工作日）

不涉及前置审批的事项

涉及前置审批的事项

注册资本验资
（会计事务所窗口，1个工作日，没有注册资本法定要求的除外）

企业（个体户）设立登记
（市或区工商局窗口，3个工作日）

其他审批或登记手续

办理环保许可手续
（市或区环保局窗口，承诺书随到随办，登记表2个工作日，报告表4个工作日，报告书7个工作日）

卫生许可
（市或区卫生局窗口，5个工作日）

文化经营许可
（市文化局窗口，3个工作日）

特种行业经营许可
（市或区公安局窗口，5个工作日）

交通部门行政许可
（市交通局窗口 1. 道路运输许可，筹建5个工作日，开业10个工作日，歇业随到随办。2. 机动车维修经营许可7个工作日）

烟草专卖零售许可
（市烟草局窗口，5个工作日）

药监部门行政许可
（市药监局窗口 1. 药品生产许可证10个工作日；2. 药品经营许可证（零售、连锁）筹建3个工作日，验收合格后7个工作日）

危险化学品乙种经营许可
（市安监局窗口，7个工作日）

其他前置审批手续

图6-1　内资企业、个体工商户注册登记办理流程图

1. 名称查重

2. 填写登记申请书并提交有关材料

3. 缴纳出资

4. 验资

5. 审查与核准

6. 颁发营业执照

（三）新企业办理印章、代码登记、银行开户

新企业领取工商营业执照后，还需办理其他相关手续，通常要办理印章、组织机构代码登记和银行开户。

1. 新企业办理印章

2. 新企业代码登记

3. 新企业银行开户

（四）新企业税务登记

依法纳税是每个创业者必须承担的社会责任。

（五）新企业社会保险登记

根据《中华人民共和国社会保险法》，新企业注册后必须办理社会保险。

三、企业注册相关文件的编写

新企业工商注册需向所在地工商行政管理部门提交相关材料。创业者根据所选择的企业组织形式的具体要求，填写各种登记表，编写合伙协议、企业章程、发起人协议等相关文件。

（一）合伙协议的编写

合伙协议是依法由全体合伙人协商一致、以书面形式订立的合伙企业的契约。

（二）公司章程的编写

公司章程是指公司依法制定的，规定公司名称、住所、经营范围、经营管理制度等重大事项的基本文件。公司章程是公司组织和活动的基本准则，也被称作"公司的宪法"。

1. 有限责任公司章程应载明事项

2. 股份有限公司章程应载明事项

（三）发起人协议的编写

发起人协议是指股份有限公司发起人就拟设立公司的主要事宜达成的协议。

四、注册企业必须考虑的法律与伦理问题

注册企业必须了解和遵守国家有关法律、法规。与创办企业有关的法律主要包括知识产权法、劳动法、合同法等。注册企业还应注意伦理问题，包括创业者与原雇主之间、创业团队成员之间、创业者和其他利益相关者之间的伦理问题等。

（一）注册企业必须考虑的法律问题

1. 新企业与知识产权法：知识产权是指人们对自己创造性的智力劳动成果所享有的民事权利，如专利权、商标权、著作权、商业秘密专有权等。

知识产权法是调整知识产权的获取、利用和保护所涉及的社会关系的法律规范的总称。

（1）商标专用权与商标法：商标是商业主体在其提供的商品或者服务上使用的，能够将商品或服务与其他市场主体提供的商品或服务区别开来的标志。

商标法是调整企业在商标注册与使用中出现各种问题的行为规范。

（2）专利权与专利法：专利权是权利人对其获得专利的发明创造（发明、实用新型或外观设计），在法定期限内所享有的独占权或专有权。

专利法是调整因发明创造的产生而引起的发明人与使用发明的人之间，发明人与其所属单位之间，发明人与发明人之间，在支配和使用该发明创造的问题上所产生的各种社会关系的行为规范，其实质是依照法律确认和保护发明创造的产权。

（3）著作权与专利法：著作权也称版权，是指作者对其创作的文学艺术和科学作品依法享有的权利。

著作权法是指国家制定或认可的，调整由文学、艺术和科学作品产生的社会关系的法律规范的总和。

2. 新企业与劳动法：劳动法是为了保护劳动者的合法权益，调整劳动关系，建立和维护适应社会主义市场经济的劳动制度，促进经济发展和社会进步而制定的法律。

（1）劳动者基本权利与义务

（2）劳动者工作时间和休息休假

（3）劳动者的工资、劳动安全、社会福利和保险

（4）劳动者争议

3. 新企业与合同法：合同是平等主体的自然人、法人、其他组织之间设立、变更、终止民事权利义务关系的协议。依法订立的合同，受法律保护。广义合同指所有法律部门中确定权利、义务关系的协议；狭义合同指一切民事合同。

合同法是国家制定的调整平等主体之间合同关系的法律规范的总和。

4. 新企业与反不正当竞争法：反不正当竞争法是禁止以违反诚实信用原则或其他公认的商业道德的手段从事市场竞争行为，维护公平竞争秩序的一类法律规范的统称。

5. 新企业与产品质量法：产品质量法，是调整在生产、流通以及监督管理过程中，因产品质量而发生的各种经济关系的法律规范的总称。

（二）注册企业必须考虑的伦理问题

重视商业伦理问题，会提升新企业的整体形象与市场竞争力；忽视商业伦理问题，会给新企业的生存与发展造成不利影响。

1. 企业伦理的内涵：管理学意义上的伦理，一般也称为商业伦理，是指处理组织与外界关系，处理组织内部成员之间权利和义务的规则，以及在决策过程中所体现的人与人之间的关系和所应用的价值观念。

2. 企业伦理的作用

3. 新企业基于创建与经营注意的伦理问题：创建新企业应注意的伦理问题包括创业者与原雇主之间、创业者与创业团队之间、创业者与其他利益相关者之间的伦理问题。

（1）创业者与原雇主之间的伦理问题

（2）创业者与创业团队成员之间的伦理问题

（3）创业者与其他利益相关者之间的伦理问题

五、企业选址策略和技巧

企业选址是指企业在开业之前对经营地址进行论证和决策的过程。

（一）新企业地址选择的重要性

1. 选址是企业一项长期的发展投资：对于新企业来讲，生产经营活动需要地址、人、财、物、信息、技术等元素，其中地址作为重要元素具有长期性与稳定性的特点。

2. 选址决定企业的成败：新企业选择的地址科学合理，在与其他企业竞争时就占据"地利"的优势。

3. 选址对实现企业经营目标和经营战略影响重大：好的经营地点是稀缺资源，意味着企业将拥有较高的营业额与利润。

4. 选址对提升企业竞争力意义深远：新企业的竞争力具有复杂性与多层次性，企业地址所在地区与社区的商业环境质量深刻地影响着新企业的持续竞争力。

（二）影响新企业选址的因素

创业者选择生产经营地址需考虑政治因素、经济因素、技术因素、社会文化因素、自然因素和人口因素等，其中经济因素和技术因素对选址决策起基础作用。

1. 政治因素

2. 经济因素

3. 技术因素

4. 社会文化因素

5. 自然因素

6. 人口因素

（三）新企业选址的策略和技巧

1. 在收集与研究市场信息的基础上选址

2. 在考察与评估备选地址的基础上选址

3. 在咨询与听取多方建议基础上选址

六、新企业的社会认同

（一）企业社会责任的内涵

1. 企业社会责任的内涵：企业社会责任是指企业在创造利润、对股东利益负责的同时，还要承担起对企业利益相关者的责任，保护其权益，以获得在经济、社会、环境等多个领域的可持续发展能力。企业社会责任包含经济责任、法律责任、伦理责任和自行裁判责任四个层次。

2. 新企业承担社会责任的意义：新企业自觉履行社会责任，对于提升企业形象和竞争力，实现可持续发展意义重大。

（二）新企业社会责任的承担

新企业承担社会责任的对象包括企业员工、股东、消费者、环境、社区与政府等诸多方面。

1. 新企业对企业员工的责任
2. 新企业对股东的责任
3. 新企业对消费者的责任
4. 新企业对环境与资源的责任
5. 新企业对社区的责任
6. 新企业对政府的责任

·· 教学建议

本节内容所讲授的有关新企业成立的知识和内容是大学生创业实践的延续，也是大学生在进行创业活动时的主要目标之一，新企业的成立在很大程度上验证了创业活动的成果，同时也是大学生从校园走向社会的标志。

在进行本节课程的教学时，教师应在传授知识的同时，引导学生关注社会环境的发展趋势以及相关部门对于大学生创业的优惠政策；引导具有创业意向的学生联系自身条件，选择适合的创业地点，为未来的创业企业经营打下基础。

【考核建议】

本节的考核建议采用书面试题卷的形式（包括简答题、选择题和案例分析题），可以与其他章节的考核合并进行。

【教学延展建议】

创业企业的成立是建立在一系列创业准备活动的基础之上的，因此教师在进行本节课程的讲授和教学训练时，应注重其与前几章节内容的关联性。

本节内容同时也是本章第二节内容的必要准备，为了便于与第二节教学内容衔接，使课堂教学和教学训练内容具有连贯性，建议安排学生课后作业，并作为第二节授课的课前准备。

【作业建议】

各模拟创业团队结合自身的模拟创业项目，思考创业企业成立一年内的首要工作、经营目标、部门设置以及招聘计划等。

创智汇德大学生创业素质训练沙盘训练工具——《创业计划书——项目经营计划》

项目经营计划
1. 创业后的首要工作是什么？
2. 创业第一年的经营目标是什么？
3. 实现第一年经营目标的经营策略是什么？
4. 创业项目的发展目标是什么？
5. 创业公司拟设哪些部门？
6. 从能力、知识、资源等角度说明项目的发展还需要什么样的员工？

教学资源

《创业基础》示范教材、《创业基础教学手册》《创业基础》示范教材 PPT 课件、大学生创业模拟沙盘教学系统。

<h2 style="text-align:center">第二节　新企业生存管理</h2>

教学目标

　　使学生了解创办新企业后可能遇到的风险类型及其应对策略，掌握新企业管理的独特性，了解针对新企业的管理重点与行为策略。

教学要点

　　新企业成立初期应以生存为首要目标，其特征是主要依靠自有资金创造自由现金流，实行充分调动"所有的人做所有的事"的群体管理，以及"创业者亲自深入运作细节"。

　　新企业成立初期易遭遇资金不足、制度不完善、因人设岗等问题。

　　企业成长的推动力量包括创业者（团队）、市场和组织资源等。

　　新企业成长的管理需要注重整合外部资源追求外部成长；管理好保持企业持续成长的人力资本；及时实现从创造资源到管好用好资源的转变；形成比较固定的企业价值观和文化氛围；注重用成长的方式解决成长过程中出现的问题；从过分追求速度转到突出企业的价值增加。

▸▸ 教学逻辑

```
┌─────────────────┐      ┌─────────────────┐      ┌─────────────────┐
│ 学生在课前思考创 │      │ 学生在课上进行计 │      │ 教师进行点评，引 │
│ 业企业成立后的经 │ ──▶  │ 划展示与分享     │ ──▶  │ 出本节课程       │
│ 营计划           │      │                 │      │                 │
└─────────────────┘      └─────────────────┘      └─────────────────┘
                                                            │
                                                            ▼
┌─────────────────┐      ┌─────────────────┐      ┌─────────────────┐
│ 各模拟创业团队展 │      │ 应用沙盘模拟训练 │      │ 教师讲授本节课程 │
│ 示风险应对策略， │ ◀──  │ 的方式锻炼学生的 │ ◀──  │ 知识             │
│ 进行学生间互评   │      │ 风险应对能力     │      │                 │
└─────────────────┘      └─────────────────┘      └─────────────────┘
         │
         ▼
┌─────────────────┐
│ 课程总结         │
│                 │
└─────────────────┘
```

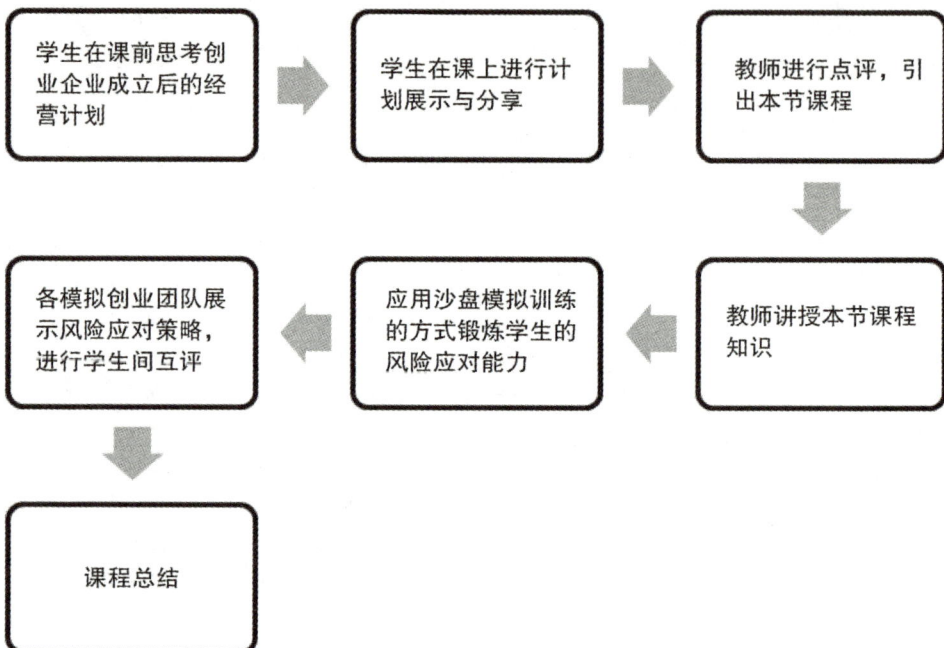

▸▸ 教学方法说明

教 学 环 节	教 学 方 法
学生在课前思考创业企业成立后的经营计划	学生分组自学
学生在课上进行计划展示与分享	展示分享、师生互动
教师进行点评，引出本节课程	教师点评
教师讲授本节课程知识	PPT 演示、教师讲解
应用沙盘模拟训练的方式锻炼学生的风险应对能力	操作练习、小组研讨
各模拟创业团队展示风险应对策略，进行学生间互评	展示分享、学生互评、师生互动
课程总结	教师讲解

教学内容与方法详解

创业者创办新企业首先要面对新企业生存与管理的问题，需了解新企业管理的特殊性，知晓新企业成长的驱动因素，掌握新企业成长管理的技巧和策略，学会控制与化解新企业的创业风险。

新企业成立初期，进入生存管理阶段，易遭遇资金不足、制度不完善和因人设岗等问题。创业者必须了解新企业管理的特殊性，掌握针对新企业的管理重点与行为策略，把握新企业可能遇到的风险和化解技巧。

【课前准备】

学生准备

根据本章第一节课后的思考问题，以模拟创业团队为单位，对团队各成员的思考结果进行汇总研讨；确定一名学生作为代表，在课上分享本团队的经营计划，分享的要点主要包括：

☆ 创业后的首要工作是什么？

☆ 创业第一年的经营目标是什么？

☆ 实现第一年经营目标的经营策略是什么？

☆ 创业项目的发展目标是什么？

☆ 创业公司拟设哪些部门？

☆ 从能力、知识、资源等角度说明项目的发展还需要什么样的员工？

【课堂教学】

经营计划展示

1. 教师组织各模拟创业团队针对模拟创业公司成立一年内的经营计划进行展示和分享。

2. 各模拟创业团队抽签决定展示顺序。

3. 每个团队分享后，其他学生可提出意见或建议，供该团队参考。

4. 在每个团队的展示完毕后，教师针对其经营计划的合理性、全面性和可实施性给予简要点评。

知识讲解

• 教学要点

结合《创业基础》示范教材的演示 PPT 课件，针对新企业的生存、成长与管理的相关知识进行讲解，介绍新企业可能遇到的风险以及应对措施。

• 教学内容

一、新企业管理的特殊性

（一）新企业管理以生存为主要目标

企业在这一阶段，生存是第一位的，一切都围绕生存运作，避免一切危及生存的做法发生。企业在保证生存的前提下，才能进入下一阶段的发展。

（二）新企业管理主要依靠自有资金创造自由现金流

在企业初创期，将现金流问题提高到怎样的高度都不为过，因为这是新企业生产经营活动的第一要素，是创业者及新企业生存真正的生命线。

（三）新企业管理是充分调动"所有的人做所有的事"的群体管理

在这种环境氛围中，一旦企业哪里有需要做的事情，团队所有人就会一同完成，这种看上去的"混乱"，实际上是一种高度的"有序"的运行状态。

（四）新企业管理是"创造者亲自深入运作细节"阶段

二、新企业成长的驱动因素

其成长的驱动因素为：创业者个人能力及成长欲望、优秀的创业团队、市场对新企业产品的需求情况及新企业发展所需资源的丰裕度、新企业所能控制和利用的组织资源，即创业者、创业团队、市场和组织资源四个方面构成新企业成长的驱动因素。

（一）创业者驱动

创业者的能力驱动

创业者的成长欲望驱动

（二）创业团队驱动

创业团队的创业精神驱动

创业团队的专业水平驱动

创业团队的组织方式驱动

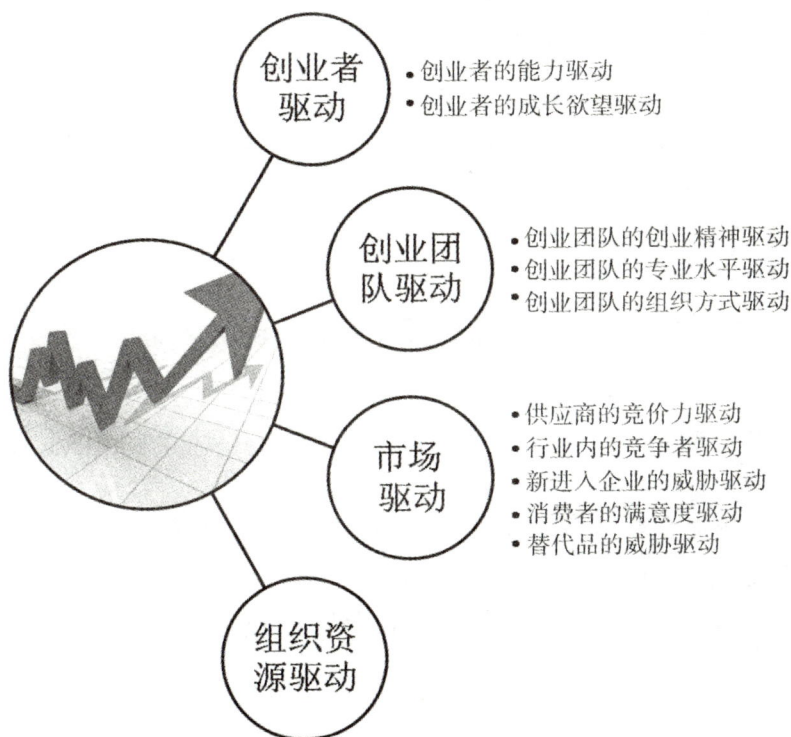

图 6-2　新企业成长的驱动因素

（三）市场驱动

供应商的竞价力驱动

行业内的竞争者驱动

新进入企业的威胁驱动

消费者的满意度驱动

替代品的威胁驱动

（四）组织资源驱动

新企业的成长取决于其所控制和能够利用的组织资源。组织资源一般指企业的正式管理系统，包括企业的组织结构、作业流程、工作规范、信息沟通、决策体系、质量系统以及正式或非正式的计划活动等。

三、新企业成长管理的技巧和策略

（一）整合外部资源追求外部成长

新企业可通过缔结战略联盟、首次公开上市、特许经营等实现企业成长。

1. 缔结战略联盟

2. 首次公开上市

3. 特许经营

（二）及时实现从创造资源到管好用好资源的转变

（三）形成比较固定的企业价值观和文化氛围

企业价值观是企业在长期生产经营活动中逐渐形成的，由企业管理者和员工共同分享的价值观念，是企业成长与发展的灵魂。

企业文化氛围是由企业员工对企业的使命和愿景的期望以及创业者的目标、理念和态度共同形成的，是企业应对成长过程中出现的一系列问题的关键。

（四）注重用成长的方式解决成长过程中出现的问题

用成长的方式解决成长过程中出现的问题，其本质是推动并领导变革。

1. 创新人力资源管理

2. 创新经营体系

3. 掌握变革与创新的切入点

（五）从过分追求速度到突出企业的价值增加

当新企业发展到一定程度时，就要依靠企业经营结构、组织结构、技术结构等方面的更新与完善，依靠企业内部资源配置的变化和核心竞争力，使企业从过分追求速度向企业价值增加快的方向转移和扩展，以获得最大的价值增加，获得长期稳定的增长。

四、新企业的风险控制与化解

（一）新企业生存阶段的风险控制与化解

新企业生存阶段的风险是指从新企业正式运营到新企业实现收支平衡期间产生的风险。

1. 新企业生存阶段的风险来源：新企业生存阶段的风险主要来自以下方面(1)缺乏流动资金；(2)缺乏日常管理；(3)缺乏支持系统；(4)缺乏消费市场。

2. 新企业生存阶段的风险控制与化解：新企业生存阶段的风险控制与化解可使用以下几种方法(1)建立人事管理制度；(2)建立财务管理制度；(3)防范市场风险；(4)保持新企业持续赢利；(5)适当调整经营内容。

(二)新企业成长阶段的风险控制与化解

新企业成长阶段的风险是指从新企业实现收支平衡到新企业产生巨额利润期间产生的风险。

1. 新企业成长阶段的风险来源：新企业成长阶段的风险主要来自以下方面(1)团队管理机制不完善；(2)财务监控机制不完善；(3)经营决策与管理机制不完善。

2. 新企业成长阶段的风险控制与化解：新企业成长阶段的风险控制与化解可使用以下几种方法(1)完善组织架构，学会授权；(2)建立风险责任机制，监督决策；(3)确立企业发展战略，竞争有力。

【教学训练】

教师组织学生应用本章第一节的教学训练成果，包括模拟创业团队组建、模拟创业项目选择、模拟创业资源与资金的获取结果、企业选址方案等，进行本节教学训练。

1. 设置创业风险信息，如资金风险、竞争对手、团队分歧等，随机发放给各模拟创业团队。

2. 各模拟创业团队针对所遇到的风险，研讨风险应对策略，提出应对方案，从而强化学生的风险认知和应变能力，进而考虑在团队组建、创业启动过程中尽量规避风险。

3. 各模拟创业团队选派一名学生，组成评审团。

4. 各模拟创业团队选派一名学生作为代表，介绍本团队所遇到的风险，展示所采取的应对方案，展示要点包括：

(1)本团队的创业项目名称及简要介绍；

(2)本团队所遇到的风险；

(3)针对该风险所采取的应对措施。

5. 评审团针对该团队的风险应对方案提问，由团队成员进行答辩。

6. 评审团针对该风险应对方案的合理性、可行性以及团队成员的综合表现进行评分。

7. 教师针对团队的展示，进行简要归纳与点评，记录并公布评审团的评分结果。

8. 在所有团队完成展示之后，教师结合示范教材中的本章小结部分，对本节课进行总结。

教学建议

本节的课程与第三章第三节创业风险识别的内容具有较强的关联性，教师在授课过程中可引用该章节的知识，帮助学生深化对创业风险相关理论的学习和理解。

建议在教学训练环节设置符合创业现实和社会现实的创业风险，还原创业者在实际创业过程中可能遇到的问题，锻炼学生的分析能力、决策能力和风险应对能力，提高学生的风险防范意识。

【考核建议】

建议通过笔试的方式考核本节知识，可以与其他章节的考核合并进行。

建议通过学生互评的方式考核学生的风险防范能力，可以将本节的能力性考核结果融入创业计划书的考核中。

教学资源

《创业基础》示范教材、《创业基础教学手册》《创业基础》示范教材 PPT 课件、大学生创业模拟沙盘教学系统。

作为国内首部《创业基础教学手册》，由于尚缺乏充分的教学实践检验，且因我们能力所限，手册中难免有不足与欠妥之处，希望使用者给予谅解和指正。

联系电话：010-84990268

邮箱：chuangyejichu＿cn@126.com

附录一 教学成绩评定

一、课程学习成绩评定的背景与需求

教育部《普通本科学校创业教育教学基本要求（试行）》的教学目标要求"通过创业教育教学，使学生掌握创业的基础知识和基本理论，熟悉创业的基本流程和基本方法，了解创业的法律、法规和相关政策，激发学生的创业意识，提高学生的社会责任感、创新精神和创业能力，促进学生创业就业和全面发展"。教学原则要求"强化实践，加大实践教学比重，丰富实践教学内容，改进实践教学方法，激励学生创业实践，增强创业教育教学的开放性、互动性和实效性"。教学内容要求"以教授创业知识为基础，以锻炼创业能力为关键，以培养创业精神为核心"。

《创业基础》作为全体高校学生开展创业教育的核心课程，应建立体现教学原则，以教学目标为核心，以教学内容为基础的学生成绩评定体系。

基于在前述《创业基础教学手册》的说明，学生成绩评定体系应包括以下方面内容：

- 创业知识的考核
- 创业能力的考核
- 创业精神的考核

考核方法要与教学内容、教学方法相匹配，能客观真实地评定学生的学习结果。针对上述三个方面的考核，具体操作建议采用笔试、实训测试与成果评价相综合的方法进行，其综合成绩为学生的课程考核成绩。

二、成绩评定的操作方法

由于该课程具有较强的应用性和技能性，建议笔试成绩占 30％，实训测试成绩占 50％，成果评价成绩占 20％（不采用成果评价时，其权重可分配到前两项中）。

1. 笔试考核

【考核方法】

闭卷笔试，以创业知识考核为主。

【考核内容】

以《创业基础》教学内容所要求的知识点作为考核范围。各章节知识点归纳如下：

章　节	知　识　点
第一章 创业、创业精神与人生发展	☆ 创业定义 ☆ 创业要素 ☆ 创业阶段的划分 ☆ 创业精神的内容 ☆ 创业精神的作用 ☆ 创业的社会成因 ☆ 创业的社会作用 ☆ 创业能力对职业发展的作用
第二章 创业者与创业团队	☆ 创业者的定义 ☆ 创业者的素质和能力 ☆ 创业动机的含义与分类 ☆ 产生创业动机的驱动因素 ☆ 创业团队的定义 ☆ 创业团队的优劣势分析 ☆ 创业团队组建策略及其后续影响 ☆ 创业团队的管理技巧与策略 ☆ 创业团队领导者的角色及行为策略 ☆ 创业团队的社会责任
第三章 创业机会与创业风险	☆ 创业机会 ☆ 创业风险 ☆ 商业模式

章　节	知　识　点
第四章 创业资源	☆ 创业资源的种类 ☆ 创业资源的获取途径 ☆ 创业融资及其影响因素 ☆ 创业融资的渠道 ☆ 创业资源的整合与开发
第五章 创业计划	☆ 创业计划书的内容 ☆ 创业信息搜索渠道 ☆ 市场调查的作用及方法 ☆ 创业项目可行性分析 ☆ 创业计划书的撰写原则与技巧 ☆ 创业计划书的宣讲方法与技巧
第六章 新企业的开办	☆ 企业的组织形式 ☆ 企业的注册流程 ☆ 企业注册的相关文件 ☆ 企业应注意的法律与伦理问题 ☆ 企业选址 ☆ 新创企业的生存与管理 ☆ 新创企业风险应对

2. 实训测试

【考核方法】

运用沙盘模拟实训的方式，以"创智汇德大学生创业素质训练沙盘教学系统"为工具，根据教学实训结果，客观评价出学生对创业知识把握和创业技能水平的实际状况。

【考核内容】

运用"创智汇德大学生创业素质训练沙盘教学系统"提供的"五大训练体系"，根据沙盘推演结果，评价学生的创业能力与创业计划书。

创业能力的评价采用观测分析法，依据学生在教学实训中推演行为记录和学生的能力表现结果，有效且科学地评价学生的综合创业技能，形成多项评价图表，在学生范围内进行分析比对，结合学生课前的创业规划目标要求和竞争情况进行系统分析与评价，并给出创业指导意见。

实训测试成绩由"创业能力的评价成绩"和"创业计划书的评价成绩"两部分

构成，分别占 60％和 40％的权重。

创业能力的评价成绩反映了学生个体有关创业准备的优劣程度，具有较强的内部差异性。其成绩占实训测试成绩的 60％。

涉及创业能力的具体评价内容有：

• 创业知识结构与知识水平的雷达图与分析

知识结构

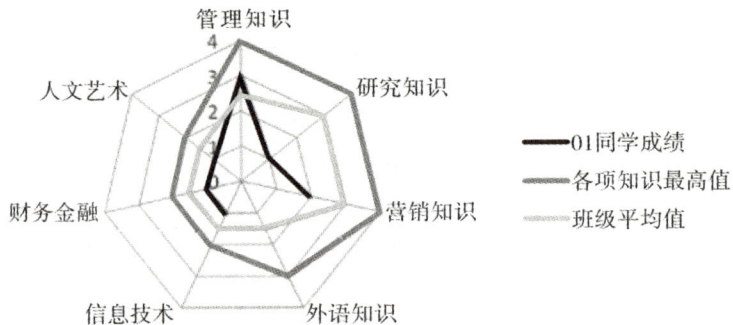

根据图示，该同学的专业为市场营销，其知识构成主要偏向管理知识，本专业知识低于班级平均水平。在研发知识、外语知识等方面较为欠缺。建议在后期的推演中注意知识结构的全面性。

• 创业能力结构与能力水平的雷达图与分析

能力结构

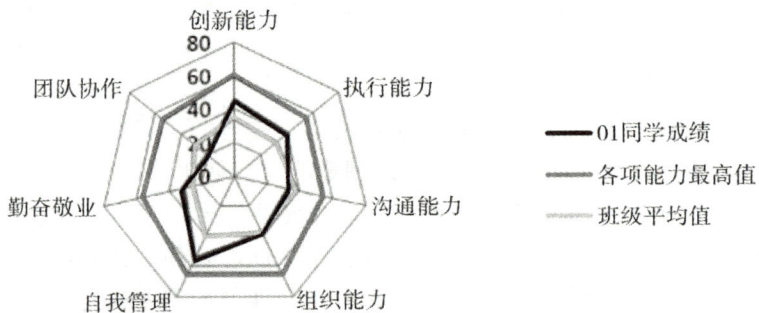

根据图示，从能力增长的数值来说，该同学各项能力整体发展良好。从能力结构来看，团队协作能力和沟通能力较班级平均值偏低。后期应在此方面有所加强。

- 创业资源结构的水平与分析

资源主要包括三个方面：

◈ 资金

◈ 教师认可

◈ 人脉资源

排名项	资金金额	教师认可数量	人脉资源数量
01同学成绩	3500	6	7
班级单项最高	5000	6	8
班级平均值	3845	4.5	6

根据表格所示，该同学目前有6个教师认可和7个人脉资源，就这两项资源的获取情况来说数量较为可观，说明该同学很注重获取教师帮助及人脉资源。但该同学持有资金金额低于班级平均值，希望在今后的推演中注意资金管理。

- 创业实训成绩综合排名与分项排名

学生姓名	知识等级	能力点数	资金金额	教师认可	人脉资源	成绩	排名
同学1	4	171	3800	4	7	70.6	1
同学2	5	175	3200	0	3	62.5	2
同学3	3	160	3200	1	5	50.4	3

根据表格所示，三名同学的实训成绩相差不大。1号同学在知识和能力等级方面都处于中等偏下的位置，在后期的推演中应考虑精力和资金的有效利用和其投入的最大产出。2号同学在知识和能力方面较1号和3号来说占据优势，但是其在教师认可、人脉资源等创业资源方面的积累欠佳。资源的稀缺将对创业带来很多不利影响。3号同学在各方面均无特殊优势，资源积累处于中等偏上水平，个人能力和素质综合发展较好，这在后期的团队创业中将发挥很大作用。

• 创业规划达成度分析

对比项	知识等级	能力点数	资金金额	教师认可数量	人脉资源
规划值	8	140	4500	12	8
实际值	6	175	3200	7	7
班级实际平均值	7	165	3000	8	5

根据表格所示，该同学在能力方面的实际值大于规划值和班级平均值，在知识等级、资金金额和教师认可数量方面的实际值均小于规划值和班级平均值。在资金金额方面较规划值差距较大。说明该同学的创业规划与实际偏差较大，并未能在推演中进行及时调整。除能力数值外，其他各方面均需提高竞争力，也反映出该同学的创业准备更倾向于技能培养但在调整规划方面较为欠缺。

• 创业模拟实训指导意见

知识结构

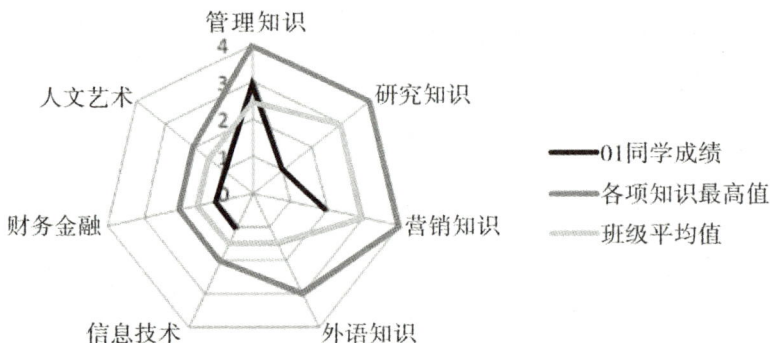

—— 01同学成绩
—— 各项知识最高值
—— 班级平均值

排名项	资金金额	教师认可数量	人脉资源数量
01同学成绩	3500	6	7
班级单项最高	5000	6	8
班级平均值	3845	4.5	6

能力结构

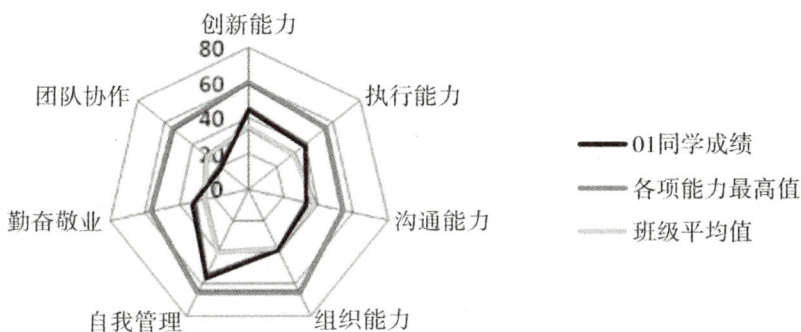

图例：
- 01同学成绩
- 各项能力最高值
- 班级平均值

学生姓名	知识等级	能力点数	资金金额	教师认可	人脉资源	成绩	排名
同学1	4	171	3800	4	7	70.6	1
同学2	5	175	3200	0	3	62.2	2
同学3	3	160	3200	1	5	50.4	3

　　基于该同学所选的"市场营销"的创业方向和其目前的技能水平，建议采用团队创业的方式。在知识结构方面，其经营管理知识较强，但市场营销专业知识较弱，在研发知识、外语知识等方面也较为欠缺。建议其团队成员选择市场营销专业方向，知识结构相对完整；能力结构方面，该同学的团队协作和沟通能力的缺乏将成为他市场营销方向创业的阻碍因素，可以利用其教师认可和人脉资源的优势和团队成员此方面的优势进行弥补。创业项目的选择亦需参照上述分析，组建适合团队，并且拥有一定核心竞争力可以把握创业项目。

　　创业计划书评价采用结构化评价法。依据学生个体或学生自由组成的创业团队模拟完成的《创业计划书》，对创业计划书各项内容以及创业者（团队成员）的创业能力与创业项目的匹配情况进行结构化评价。

　　教师可组织并带领班级学生组成评审团，采用评价中心方法对学生完成的《创业计划书》及其宣讲、答辩进行综合评价打分。要求评审团成员应用统一的评价表格，确定统一的评价标准和打分原则，根据打分结果，取平均值作为学生个体及其创业团队成员的考核成绩。该成绩可占实训测试成绩的 40%。

《创业计划书》的内容及宣讲、答辩的具体评价内容有：

◆ 创业项目方面

——创业项目的市场需求分析

• 根据筛选的创业项目信息及个人所收集整理的市场信息进行综合评价。

——创业项目的政策分析

• 从与创业项目相关的区域政策、产业政策的丰富程度方面进行分析评价。

——创业项目产业链上游资源分析

• 从产业链资源的完整程度和成本方面进行分析。如：原材料的供应、产品的供应、技术研发等，看此项目是否有明确且丰富的上游业务资源。

——创业项目产业链下游资源分析

• 从产业链资源的完整程度和成本方面进行分析。如：销售渠道、物流服务、客服等。

——创业项目商业模式分析

• 从商业模式的先进性、创新性切入，考虑目前市场上是否有可参照的成功案例，以及创业启动的切入点。

——创业项目可持续发展分析

• 项目是否具有可持续发展性和可深化的可能性，以及与所属行业、产业及地区发展的融合性。

——创业项目整体 SWOT 综合分析

• 根据 SWOT 分析的要求，对项目的整体资源和运营要素进行客观的全面分析。

◆ 创业基础方面

——可获得的创业扶持政策

- 如：创业奖励资金支持、税收优惠政策等。

——可获得的创业资金与拟注册资金

- 如：学校创业基金、天使投资、亲友资助等。

——创业场所的选择

- 如：本校创业基地、创业孵化园、大学生创业园、科技园等。

——有利于创业项目发展的社会资源

- 如：人脉资源、政府资源、客户资源等。

◆ 创业团队方面

——创业成员的专业背景、创业技能与资源状况与创业项目的匹配性

- 如：此项目为营销型创业项目，则对创业团队成员的营销专业知识整体要求较高；还需成员具有较强的沟通能力、创新能力、团队协作能力等；项目运营中负责市场推广的成员应该有驾照、商务礼仪证书并且具备一定的外语知识。

——创业成员的股权分配

- 根据创业成员的资金投入、对项目发展的贡献度以及核心竞争力的构成等多维度考虑创业成员的股权分配。

——创业成员的工作分工与责任目标

- 考虑创业成员的自有资源和知识、能力等对创业项目发展的影响力，体现出人岗匹配性。

——创业成员的激励与退出机制

- 创业成员的激励与退出机制是创业团队员工关怀的体现，也是团队法人治理结构的完善。如股份的调整、职务变化、薪酬奖金的设计等。

◆ 创业管理方面

——创业项目发展的战略规划

- 创业项目的发展规划评价主要内容有：创业方向是否明确，创业步骤的合理性，对自身状况和市场需求的判断，对核心竞争力的考虑等方面。

——创业项目启动后工作重点与工作计划

• 创业项目启动后的工作重点与工作计划参照企业经营计划进行评价，主要考虑项目的运作以及企业如何获得第一桶金等相关问题。

——创业启动后的年度财务预算

• 主要从企业经营管理的角度进行财务分析和资金需求测算，并提出相应的融资计划和方案。

——创业启动后的人力资源规划

• 考虑与企业战略发展、核心竞争力和年度计划相匹配的部门设置、岗位设置，招聘安排、薪酬福利设计等。

——核心竞争力说明

• 核心竞争力的评价主要关注企业核心产品及服务的形成基础和打造过程，形成市场竞争相对优势的做法等。

——创业风险的应对与规避

• 创业风险的评价主要关注团队成员对创业过程中经常遇到的问题与风险的防范意识、规避方法和成本处理。

◆ 宣讲与答辩表现方面

——《创业计划书》及其宣讲的完整性

• 主要评价创业计划书宣讲过程中团队所展示内容的整体逻辑的清晰度和架构的完整度。

——创业项目操作步骤与计划的缜密性

• 创业项目的操作步骤和计划要合乎经营逻辑和一般性市场规律，支持企业年度计划的完成，支撑企业的可持续发展。同时应考虑最大限度地利用已有的创业资源，能顺利启动项目，挣到第一桶金。

——创业项目与创业机会的可操作性

• 创业项目与创业机会的评价根据市场的状况和团队的资源状况，体现出创业计划的市场价值，以及创业团队与创业机会的匹配性。

——应变与项目拓展能力

• 应变性主要考查团队项目宣讲成员的综合素质，从应对创业风险和评审团提问两个方面进行评价。项目拓展能力主要考查团队成员知识的广度和其对项目的思考深度。

3. 成果评价

本部分的评价是对前述"实训测试"的巩固与实际拓展，也是对创业教育整体学习效果的综合检验。

【考核方法】

学生基于自身的专业背景、社会背景和生活环境，提出创业设想，运用创业计划书模板，完成"创业计划书"，教师对此进行评价打分。有条件的情况下，教师可通过组织校级、院系级的"创业计划大赛"完成本部分的评价。

【考核内容】

以"实训测试"中"创业计划书评价"内容为基础，结合学校及院系人才培养特点进行适度完善与调整。

附录二　信息化的高校创业教育
　　　　教学整体解决方案

该方案由创智汇德(北京)科技发展有限公司提供

目　录

一、高校创业教育教学背景

(一)政策背景

1.国家政策背景

□ 全面加强人才工作。深化人才体制改革,大力培养造就高水平创新创业人才、青年人才和急需紧缺人才,引进高层次人才。完善人才培养、任用、评价、激励机制。

□ 实施更加积极的就业政策。多渠道开发就业岗位,全力推动以创业带动就业,加强职业技能培训和公共就业服务体系建设。

——2012年国务院政府工作报告

2.教育部政策背景

□ 建立专业实验与专业训练、专业技能培养与实践体验相结合的实验教学模式,打造贴近实际的模拟、虚拟、仿真实验环境,联合科研院所、行业、企业、社会共同建设实验室、研发基地等,实现专业实验与科学研究、工程实际、社会应用相结合。以实验室为载体,探索学院与科研院所、行业、企业协同培养人才的新机制。

——关于开展"十二五"高等学院实验教学示范中心建设工作的通知

□ 建立职业生涯发展和就业创业指导课程体系。

□ 以课程建设和信息化建设为重点,大力提升高校就业指导服务水平,结合实际,为学生提供个性化辅导,提高就业指导的针对性和有效性。

□ 建立地方和高校创新创业教育指导中心等机构,积极开发创新创业类课程,并纳入学分管理。

□ 高职院校毕业生的实习实训等实践教学比重不少于总学分(学时)的50%。

——教育部关于做好2012年全国普通高等学院毕业生就业工作的通知

□ 在普通高等学校开展创业教育，是服务国家加快转变经济发展方式、建设创新型国家和人力资源强国的战略举措，是深化高等教育教学改革、提高人才培养质量、促进大学生全面发展的重要途径，是落实以创业带动就业、促进高校毕业生充分就业的重要措施。

□ 通过创业教育教学，使学生掌握创业的基础知识和基本理论，熟悉创业的基本流程和基本方法，了解创业的法律、法规和相关政策，激发学生的创业意识，提高学生的社会责任感、创新精神和创业能力，促进学生创业就业和全面发展。

□ 高等学校应明确职能部门，负责研究制定创业教育教学工作的规划和相关制度，统筹协调和组织学校创业教育教学工作。加大创业教育教学工作经费投入，并纳入学校预算，确保开展创业教育教学工作需要。加强创业教育教学实验室、校内外创业实习基地、课程教材等基本建设。

□ 加大实践教学比重，丰富实践教学内容，改进实践教学方法，激励学生创业实践，增强创业教育教学的开放性、互动性和实效性。

□ 遵循教育教学规律和人才成长规律，以课堂教学为主渠道，以课外活动、社会实践为重要途径，充分利用现代信息技术，创新教育教学方法，努力提高创业教育教学质量和水平。

□ 高等学校要把创业教育教学纳入学校改革发展规划，纳入学校人才培养体系，纳入学校教育教学评估指标，建立、健全领导体制和工作机制，制订专门教学计划，提供有力教学保障，确保取得实效。

□ 设计真实的学习情境。通过运用模拟软件、现场教学等方式，努力将相关教学过程情境化，使学生更真实地学习知识、了解原理、掌握规律。

□ 提供完备的支持条件。根据课程教学需要提供基本的教学条件，重点提供创业模拟实验室、模拟教学软件、创业信息资源等。

□ 拓展有效的实践途径。通过在校内组织开展创业项目设计、创业计划大赛以及创业社团活动，通过在校外组织开展创业者访谈、创业项目考察、企业创办等活动，将课堂知识与创业实践紧密结合起来，培养学生在实践中运用所学知识发现问题和解决实际问题的创业能力。

□ "创业基础"是面向全体高校学生开展创业教育的核心课程，要纳入学校教学计划，不少于 32 学时、不低于 2 学分。

——教育部办公厅关于印发《普通本科学校创业教育教学基本要求(试行)》的通知

□ 普遍开展创新创业教育和实践活动。各地各高校要成立创新创业教育和自主创业工作领导协调机构，明确职责和任务，完善工作体制和运行机制，指导和推进创新创业工作。要把创新创业教育融入专业教学和人才培养的全过程，加快建立和完善创新创业教育课程体系；注重创新创业教育的实践性特点，认真实施"本科教学工程"国家级大学生创新创业训练计划，积极组织学生参加各类创新创业竞赛、模拟创业等实践活动，培养学生的创业意识、创新精神，提高创业能力。鼓励各地和高校开辟专门场地或依托大学科技园、高新技术产业开发区、工业园区等，开展大学生创新创业教育实践、实习和项目孵化，大力推动"大学生创业示范基地""大学生创业教育示范校"建设。

——教育部关于做好 2013 年全国普通高等学校毕业生就业工作的通知

□ 鼓励和支持高校结合实际，探索通识教育新模式。开展地方高校技能型人才培养试点。组织实施科教结合协同育人行动计划。切实加强实践教学和创新创业教育。

□ 改进教育信息化推进策略。以教育信息化带动教育现代化。引入市场机制，调动各方积极性，探索形成政府引导、市场驱动、多方参与、共建共享的教育信息化推进格局。推进信息技术与教学深度融合，改进教育教学方式和教育管理方式，促进教育公平与教育质量提升。

——教育部关于 2013 年深化教育领域综合改革的意见

（二）高校创业教育教学现状

各地高校的创业教育纷纷开展，但目前来看，仍存在以下问题：

课程教材问题	急需完善能够适合创业基础课程要求的教材编写，同时，结合本校办学理念和学生培养方向的教材有待进一步丰富
教学方法问题	如何将课堂教学与实践教学有效结合，更好地运用模拟软件、体验式教学等方式，将相关教学过程情境化，强化教学互动，调动学生学习的积极性、主动性和创造性，有待进一步探讨
师资队伍问题	创业指导的专业师资匮乏，师资建设有待加强
教学评估问题	如何进行新建课程的教学效果评估和学生学习效果评估，建立评估的标准和方式，有待探讨

二、方案概述

本方案面向高校创业教育，满足创业教育教学需求，提供创业基础课程教学方案及教学方法、仿真模拟教学实训、创新创业管理以及创业实践服务。

方案将信息化手段作为教学实施的技术保障，突出体验式、互动式的教学模式，强调创业知识的应用和能力素质的培养，为高校构建了与社会对接的创业服务和创业管理系统。

整体方案的全面落实将为高校创业基础课程建设奠定基础，激发大学生的创业激情，营造学校的创业氛围，推动大学生成功创业和以创业带动就业工作的落实。

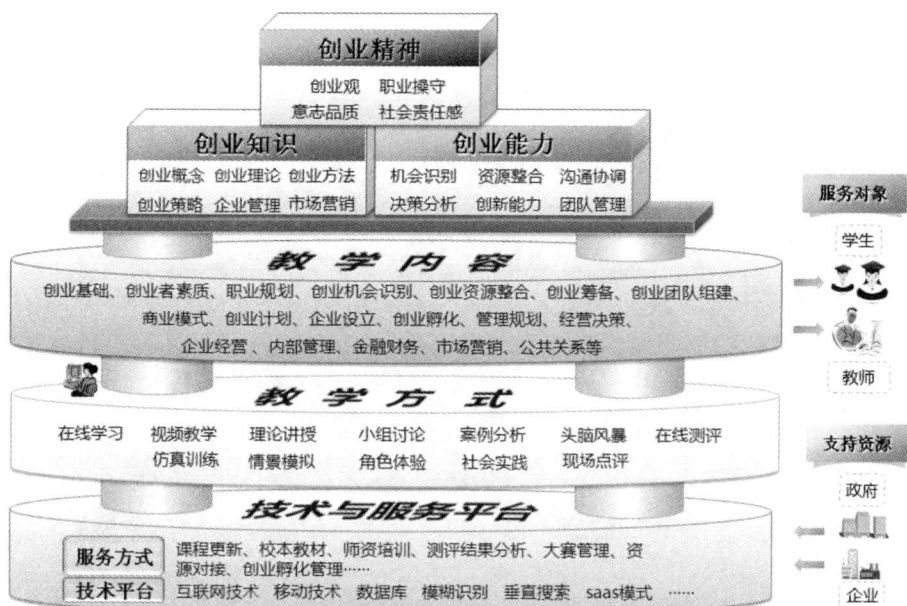

创业教育教学应用架构图

三、应用意义

（一）高校人才培养与创业教育

高等教育人才培养的方向应注重学生的公共基础知识学习和综合能力素质培养，从而形成适合现代社会需求的可迁移能力。在基础知识和综合能力素质的基础上，通过专业知识学习、专业技能训练，使学生能够胜任行业工作和专业岗位的要求，进而获得良好的职业发展机会和创业机会。

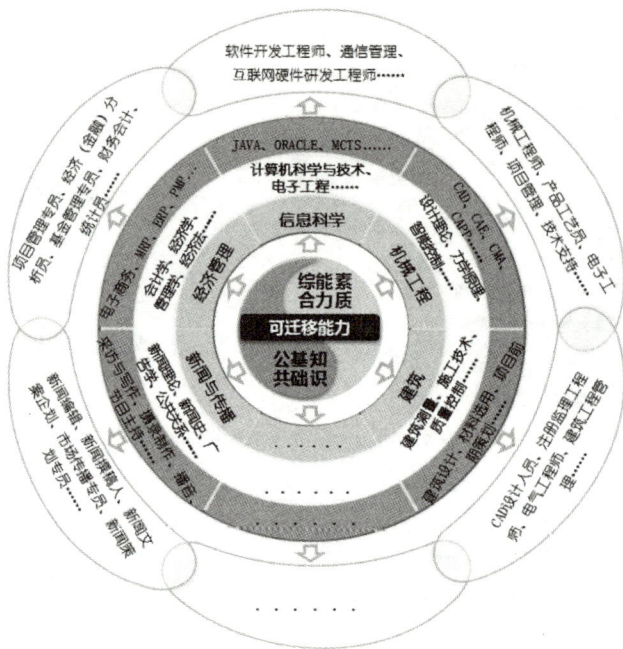

注释

综合素质　专业分类　专业知识　专业技能　对应职位

高校人才培养路径图

(二)本方案的应用意义

在教育部有关创业教育政策的背景下，通过创业教育教学整体解决方案，配合高校推进创业教育，将实践教学、体验式教学、互动式教学、培训和评价、创业指导融为一体，涵盖创业知识学习、能力训练、观念培养、能力测评以及创业服务，全面提升大学生素质，推动大学生以创业带动就业。

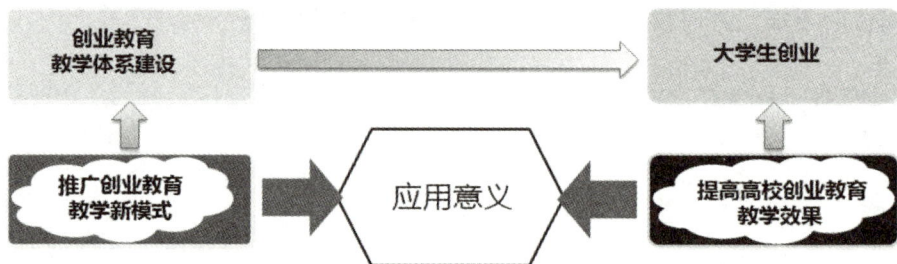

具体来说，本方案的应用意义主要体现在以下三个方面：

☆ 学生方面

通过创业教育，全面提升大学生的能力素质水平，促进大学生成功创业。

☆ 教师方面

建设完整的创业教育教学体系，完成创业基础及创业教育的相关课程的实训与教学管理。建立实践教学、体验式教学、互动教学相结合的全新教学模式。

☆ 学校方面

推动高校课程体系建设、教学方法的创新，实现从知识传授向知识学习与综合能力培养并重转化、从说教式课堂教学向模拟仿真训练的互动体验式教学转化、从传统的知识型学生培养模式向具有综合能力素质的人才培养模式转化，促进高校教育改革，推动高校的教育实践与市场对接。

（三）本方案的建设宗旨

引入实践教学体系和教育信息化应用体系，通过创业教育实践教学的课程建设、实践教学与教育信息化体系建设、创业教育师资队伍培养、教学管理模式创新、教学环境升级等手段，推动高校教学改革与创业教育工作的完善，奠定高校在新时期人才培养模式的中长期发展基础，争取在一定范围内成为创新创业教育与人才培养模式创新的典范。

引入教学创新的理念和方法，即从知识传授向知识学习与综合技能培养并重转化、从说教式课堂教学向模拟仿真训练的互动体验式教学转化，从传统的知识型学生培养模式向具有专业技能和综合素质的人才培养模式转化，从档案式成绩管理向个性化成长跟踪转化。

通过创业教育，充分实现"抓中间，带两头"的办学目标，即从抓创业教育教学创新入手，完善人才培养体系的同时，充分利用实践教学和信息化手段促

进学校招生工作和推动学生就业创业工作。

四、方案特点

(一)全面性与针对性相结合

■ 面向全体在校生，实施从入学到毕业的全程创业教育，兼顾高校创业师资团队的培养。

■ 提供适合各学科、各专业学生的创业教育，使创业课程与专业课程体系有机融合，提倡基于专业及跨专业应用创新的创业。

引导性

全面性

设计
特点

实践性

针对性

(二)注重引导与强化实践相结合

■ 通过在线学习、体验式教学、互动式教学以及学训评一体的方式，引导学生树立正确的创业观和社会价值观。

■ 将课堂教学与实践教学相结合，通过社会实践以及与社会对接的创业服务，辅导学生成功创业。

(三)点、线、面一体

创业是一个集多元知识、多元能力、多元素质、多层流程、多项服务、多节点管理为一体的综合化、社会化行为。方案从点、线、面入手，构建了立体化、全方位的创业教育教学解决方案。

多元知识点　　　　　　流程体验　　　　　　系统化教学

教学训练点

政策点
知识点
训练点
评价点
服务点
……

学习训练流程

政策辅导流程
课程学习流程
创业规划流程
项目评估流程
创业体验流程
企业经营流程
监控评测流程
创业孵化流程
……

学习训练体系

政策指导体系
知识学习体系
综合实训体系
能力评价体系
创业服务体系
……

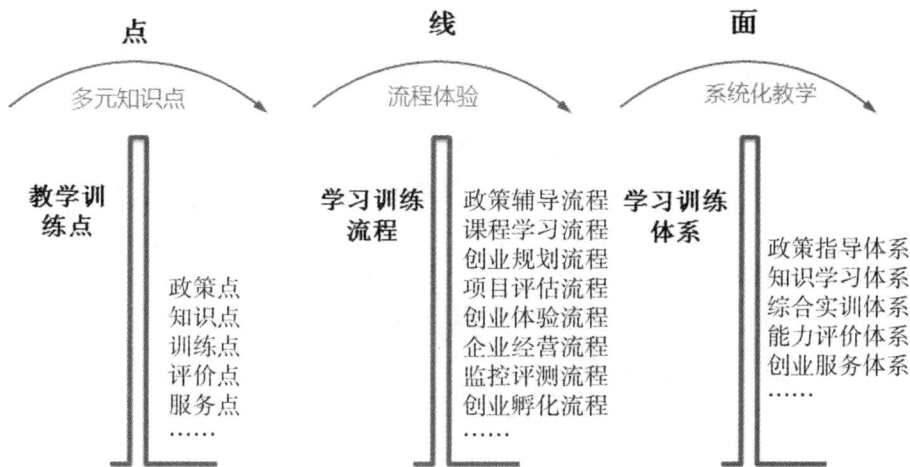

(四)学习、训练、测评、服务一体

为充分体现教育部对高校创业教育的要求,该方案可完成高校创业教育课程的全部教学内容,也可作为课程实训工具。方案通过对经济社会环境下的企业经营与创业过程进行模拟仿真,将职业生涯规划与创业规划、创业流程的知识、工具、方法、服务融入其中,使学生在模拟操作中,了解创业知识和创业政策,掌握创业流程,在巩固创业理论知识,训练创业能力,培养创业精神的同时,感悟创新创业精神,评价创业能力,享受创业服务。方案构建了完整的教学体系,从教学安排、教学内容、教学环境、教学工具、教学气氛、教学体验、学习评价等多层面保证了教学效果,其创新性、科学性、系统性、互动性、趣味性的特点,更有利于推动高校创业工作的落实。

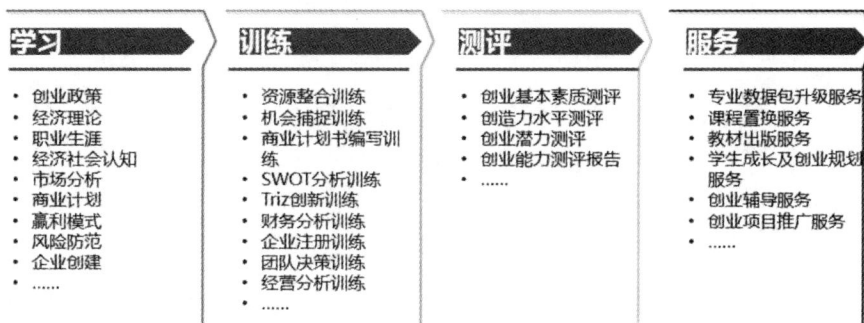

学习	训练	测评	服务
· 创业政策 · 经济理论 · 职业生涯 · 经济社会认知 · 市场分析 · 商业计划 · 赢利模式 · 风险防范 · 企业创建 · ……	· 资源整合训练 · 机会捕捉训练 · 商业计划书编写训练 · SWOT分析训练 · Triz创新训练 · 财务分析训练 · 企业注册训练 · 团队决策训练 · 经营分析训练 · ……	· 创业基本素质测评 · 创造力水平测评 · 创业潜力测评 · 创业能力测评报告 · ……	· 专业数据包升级服务 · 课程置换服务 · 教材出版服务 · 学生成长及创业规划服务 · 创业辅导服务 · 创业项目推广服务 · ……

五、教学体系

高校创业教育应以教授创业知识为基础、以锻炼创业能力为关键、以培养创业观念为核心，全面培养学生的创业素质，促进大学生成功创业。

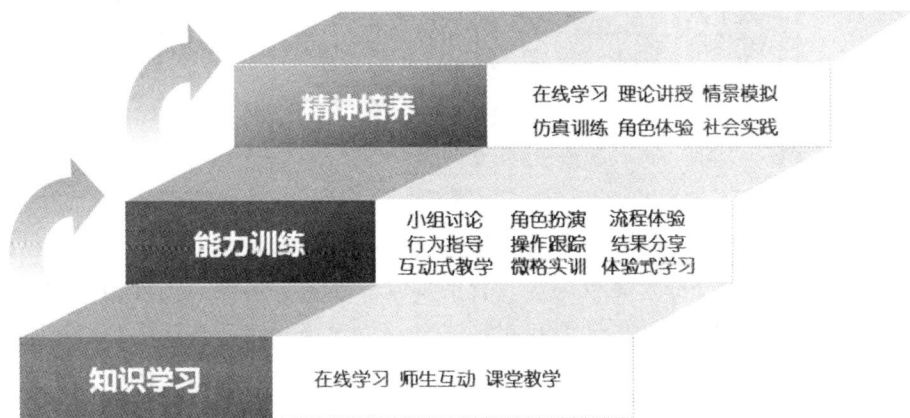

本方案通过知识学习、能力训练、精神培养，构建创业教育教学体系，帮助学生掌握创业的基础知识和基本理论，熟悉创业的基本流程和基本方法，了解创业的法律、法规和相关政策，激发学生的创业意识，提高学生的社会责任感、创新精神和创业能力，促进学生创业就业和全面发展。

(一)创业知识学习

1.课程内容

为学生提供有关创业和创业者的相关课程，促进学生进行创业知识学习，了解创业所需的知识和技能，初步建立创业意识，为学生形成正确的创业观和人生观打下良好的基础。

2. 课程要点与教学方法

要点类别	要点细化	对应知识	教学方法
创业概述	创业的含义与特征、创业的意义、创业时代、创业分类、创业精神、创业要素、创业阶段划分、创业教育、高校创新创业教育发展概述、高校创新创业教育的新定位、大学生创新创业教育的主要内容、创新创业教育的教学建议	创业概念、创业要素、创业类型	
创业选择	大学生创业的时代背景、创业环境的分析与评价、我国当前的大学生创业状况、创业功能与意义	经济转型与创业热潮的内在联系、企业核心竞争力、创新与创业的关系	
创业者与创业团队	成为创业者、创业者特质、创业团队分析、组建与管理创业团队、创业行为决策、社会责任	创业者素质与能力、组建创业团队的方法	
创业商机	创意与机会、识别创业机会、评估创业机会、开发创业机会、创业风险评估与应对、风险承担能力、风险与收益	信息捕捉与分析、创业机会识别、创业风险评估	在线学习师生互动课堂教学
创业资源	资源种类、创业政策、经济社会与产业链认知、创业资源整合、创业融资方法、融资风险分析与控制、创业融资	创业政策、经济社会与产业链认知、创业资源整合方法、创业资金来源	
创业准备	商业模式设计、经营管理模式设计、市场分析、撰写创业计划书、风险规避	商业模式、经营管理模式、营销模式、创业计划	
创业企业设立	创业企业的筹备、创业企业的注册、企业选址、新创企业的运作	工商注册、税务登记、银行开户、劳动备案、行业审批	
管理初创企业	新创企业的人力资源管理、新创企业的财务管理、新创企业的产品研发与营销、打造核心竞争力	人力资源管理、财务管理、生产运营管理、营销管理、知识产权管理	
企业生存与发展	小企业的生存难题、创业企业发展瓶颈、创业企业风险控制与发展战略	企业发展规律、企业扩张策略、创业风险及其应对策略	

(二)创业能力训练

1. 在线训练

(1)课程内容

以"微格教学""自主学习"与"体验式学习"为基础，为学生提供完整的在线训练体系，包括创业所需的基础技能、创业者的自我认知与管理、创业过程与企业管理训练等。

"微格教学"是一个有控制的训练系统，把课堂教学细分为不同的单项教学技能分别进行训练，通过互动的方式让学生参与，甚至是主导课程教学，从而达到更好的教学效果。"微格教学"具有理论联系实际、目的明确、重点突出、反馈及时、自己"教育"自己、心理压力小、过程真实等特点，非常适合创业指导课程教学。"体验式学习"是直接从实际经验中获取知识、技能和价值，并通过理论和实践的综合，使知识、技能和价值观内化为自身的素养和能力。

(2)课程要点与教学方法

训练项目	训练点	训练能力	教学方法
基础训练	学习类型探索、学业规划、我的荣誉榜	学习能力	在线学习 小组讨论 师生互动 课外实习
	大学规划、素质拓展、时间管理、财务管理、社团活动、情感规划、放飞理想	自我管理	
个人发展规划	成长档案、生涯故事、兴趣探索、性格探索、能力探索、价值观探索、身份拼图、周哈里窗、360度评估	自我认知	
	决策风格、决策平衡单、决策要素面面观、生涯目标设计与规划、个人 SWOT 分析、我的行动计划、我的生涯梦、我的职业规划书	决策能力	
创业训练	创业环境探索、创业能力培养、创业资源整合、创业素质提升、模拟创业实践、创业企业管理、有效沟通、团队合作、情绪管理、问题解决、创新能力、演讲能力、领导能力、项目管理、绩效管理	创业能力	

2. 模拟训练

(1)课程内容

创业模拟沙盘训练系统以创业准备和创业活动为主线，以知识领悟、观念诱导、能力训练、模拟对抗、行为指导为五大训练目标，结合创业的方向，构建知识体系、能力体系、资金体系、资源体系和精力体系等五大核心体系。系统包括自我认知、生涯规划、信息分析、参与任务、个人总结、小组点评、综合分析、能力评价八个训练环节，根据院校的学科设置，提供基于不同行业的数据包，锻炼学生基于专业的创业能力，培养学生的创业观念。系统通过行为观察、操作跟踪、结果分析、成绩分享、个人总结和专家点评等方法，结合能力素质评价模型，对学生的创业能力进行客观评价。

（2）课程要点与教学方法

教学环节	教学目标	教学内容	教学方法	教学形式	教学评价	训练收获
课程启动	1. 引导学生认知创业所需的条件 2. 了解该课程的创新点 3. 从开始就让学生融入教学当中，充分体现学生的主体作用	1. 知识体系、精力体系、能力素质体系、资金体系、资源体系 2. 教学流程	案例教学 小组讨论	沙盘现场授课		创业理论与知识 人生规划 理解与交流能力 科学性思维能力 应用分析能力 创业意识
社会认知 与 自我认知	引导学生认识社会和自我	自身专业、行业信息、社会资源、校内资源、知识学习、能力锻炼	教师讲解	沙盘现场授课		社会认知 职业规划 理解与交流能力 科学性思维能力 应用分析能力 创业意识
职业规划	引导学生正确理解创业与职业生涯发展的关系，设定合理的创业目标，明确努力方向	职业规划原则、自我分析、岗位入职要求、创业规划、路径选择	教师讲解 表格填写 规划宣讲 教师点评	互动教学 小组研讨	职业规划的指导性、明确性、可实现性	职业规划 创业路径 创业条件 创业准备 理解与交流能力 科学性思维能力 应用分析能力 创业意识

教学环节	教学目标	教学内容	教学方法	教学形式	教学评价	训练收获
创业准备	通过创业准备过程,使学生了解创业对个人的具体要求,学会捕捉信息、整合资源、把握机会	实习实践、社团活动、教研活动、知识积累、能力锻炼、技能培养、公益活动、社交活动、资源积累、市场信息、创业机会、项目评价、创业申请、市场分析、竞争分析	模拟操作角色扮演	角色体验互动教学沙盘推演	知识增长、能力提升、资金积累、资源获取,与职业规划的符合度	创业理论与知识应用分析能力时间管理能力理解与交流能力决策能力动手能力创业观念
阶段点评与规划调整	进一步明确职业规划的目标和方向	成绩总结、策略分析、SWOT 个人分析、交流感悟	自由演讲经验分享教师点评	互动教学小组讨论	表达清晰,目标明确,调整合理	创业理论与知识理解与交流能力应用分析能力创业观念
创业团队组建	使学生认识创业者的基本素质,创业团队对创业成功的重要性	创业能力、个人创业与团队创业优劣、优势互补原则	模拟操作角色扮演	体验式、互动式教学	创业团队的整体素质和资源是否符合创业所需的基本条件	创业理论与知识理解与交流能力管理能力创业意识应用分析能力
创业机会	锻炼学生从市场信息中了解创业机会、创业要素和创业资源,了解创业风险以及如何防范风险	信息处理与资源整合、创业项目选择、市场需求分析、硬件与基础设施、技术条件、创业团队、创业风险	模拟操作角色扮演	体验式、互动式教学	创业机会的识别和把握程度,创业风险预估及防范措施	创业相关理论和知识、应用分析能力、创业意识
创业计划	使学生掌握创业企业的商业模式设计和经营思路;了解创业计划书的基本结构、编写过程和所需信息等,掌握创业计划书的撰写方法	创业环境分析、商业模式设计、项目SWOT 分析、财务计划、创业计划、商业计划书撰写	教师讲解团队讨论表格填写	课堂授课互动教学	商业模式设计是否合理,创业计划书撰写是否符合要求	企业经营知识创业计划书编制能力理解与交流能力应用分析能力动手能力科学性思维能力创业观念

教学环节	教学目标	教学内容	教学方法	教学形式	教学评价	训练收获
申请创业资金	使学生了解创业过程中的资源需求和资金获取方法	创业资金申请、创业初期贷款、创业融资、财务计划	教师讲解表格填写	课堂授课互动教学	创业资金的申请表单填写结果	金融财务知识 理解与交流能力 应用分析能力 财务意识 风险意识
创业孵化	使学生了解创业企业的创建流程	注册手续办理、创业选址、企业组织形式、内部管理	模拟操作角色扮演	体验式、互动式教学	创业手续是否齐全,企业组织是否合理	企业管理知识 理解与交流能力 管理能力 动手能力
公司管理规划	锻炼学生站在公司长远发展的角度进行规划和管理,体会创业活动对于创业者的管理要求	经营战略、资产分析、资源分析、部门设置、人员组织、人员招聘、业务安排、财务规划、薪酬方案、激励方案	模拟操作角色扮演表格填写	体验式、互动式教学	管理规划合理性、完整性及可执行度	企业管理知识 管理能力、应用分析能力 科学性思维能力 理解与交流能力 创业意识
经营策略与任务选择	通过创业经营模拟训练,在竞争与发展中使学生了解创业的各种要求及创业风险,把握各种机遇,审时度势,锻炼职场生存能力和企业经营能力	产品研发、市场推广、产品生产、业务合作、财务风险防控、危机管理与应对、市场调研、销售政策体系设计、产品定位、客户开发与维护、市场准入公关、资源与人脉拓展、成本分析与管控	模拟操作角色扮演	体验式、互动式教学	各项任务的完成情况、各部门间的配合及均衡发展、个人间的配合及均衡发展、对公司管理规划的执行程度	经营管理知识 理解与交流能力 管理能力 科学性思维能力 创业观念
公司经营	使学生体验企业经营过程,锻炼经营管理中的各项业务处理能力与市场应变能力	产品开发、材料采购、生产组织、财务管理、税务办理、收入分析、质量管理、产品宣传、人员招聘、人员激励、经营状况比较分析	模拟操作角色扮演	体验式、互动式教学	企业经营状况、财务状况,各项任务完成情况	经营管理理论和知识 理解与交流能力 管理能力 动手能力 科学性思维能力 创业意识

教学环节	教学目标	教学内容	教学方法	教学形式	教学评价	训练收获
内部管理	使学生掌握创业企业管理的独特性,了解针对新企业的管理重点与管理策略	绩效体系设计、公司文件管理、各类费用预算、文化建设等	模拟操作角色扮演	体验式、互动式教学	内部管理的合理性、公司发展与个人发展间的协调	创业理论与知识理解与交流能力 管理能力 创业意识
市场竞争与公司宣传	使学生了解市场竞争对于企业生存的重要性,以及主动承担社会责任获得的社会认同	市场开发、市场推广、产品宣传、投标费用、市场公关、社会公益活动	模拟操作角色扮演	体验式、互动式教学	各项任务的完成情况、企业的健康发展	企业管理知识应用分析能力 科学性思维能力 创业意识

(三)创业精神培养

通过创业知识学习、创业能力训练,逐步培养学生的创业意识、意志品质、职业操守以及社会责任感。

课程	教学点	教学方法	对应收获
创业知识学习	创业概述	在线学习 视频教学 理论讲授 小组讨论 案例分析 头脑风暴	创业观 创业精神
	创业选择		
	创业者与创业团队		
	创业商机		
	创业资源		
	创业准备		
	创业企业设立		
	管理初创企业		
	企业生存与发展		意志品质
在线训练	基础训练	在线学习 在线测评 社会实践	创业观 意志品质
	个人发展规划		
	创业训练		

课程	教学点	教学方法	对应收获
模拟训练	课程启动	情景模拟 角色体验 实训测评 现场点评	创业观
	社会认知与自我认知		
	个人规划		
	创业准备		
	阶段点评与规划调整		
	创业团队组建		创业观 意志品质
	创业机会		
	创业计划		
	申请创业资金		
	创业孵化		
	公司管理规划		意志品质 职业操守 社会责任感
	经营策略与任务选择		
	公司经营		
	内部管理		
	市场竞争与公司宣传		
仿真实训	个人规划	仿真训练 情景模拟 角色体验 实训测评	创业观
	创业筹备		创业精神、意志品质、 创业观
	创业企业设立		
	企业管理规划		创业观 意志品质
	企业经营策略		
	创业企业经营		创业观、职业操守、 社会责任感
	企业内部管理		
	市场竞争与企业宣传		创业精神、创业观、 社会责任感
	总结评价		

六、创业教育信息系统及模块

本方案所设计的创业教育信息系统包括一个门户和八个功能模块，服务于大学生创业教育的知识学习、能力训练、素质测评和精神培养，提供创业基础及创业教育相关课程的教学与实训工具。

(一)门户

门户是学校创业教育管理的统一信息平台的窗口，反映学校的创业动态、创业活动和创业成果，营造学校的创业氛围，同时为师生交互和学生间交流提供便捷，帮助学校从多方面了解学生的学习状况和精神面貌。门户是所有模块的统一登录口，实现各系统的统一用户管理、用户身份验证，提供前后台的入口，实现系统数据流交换，体现各系统个性化功能，展示学校育人成果。

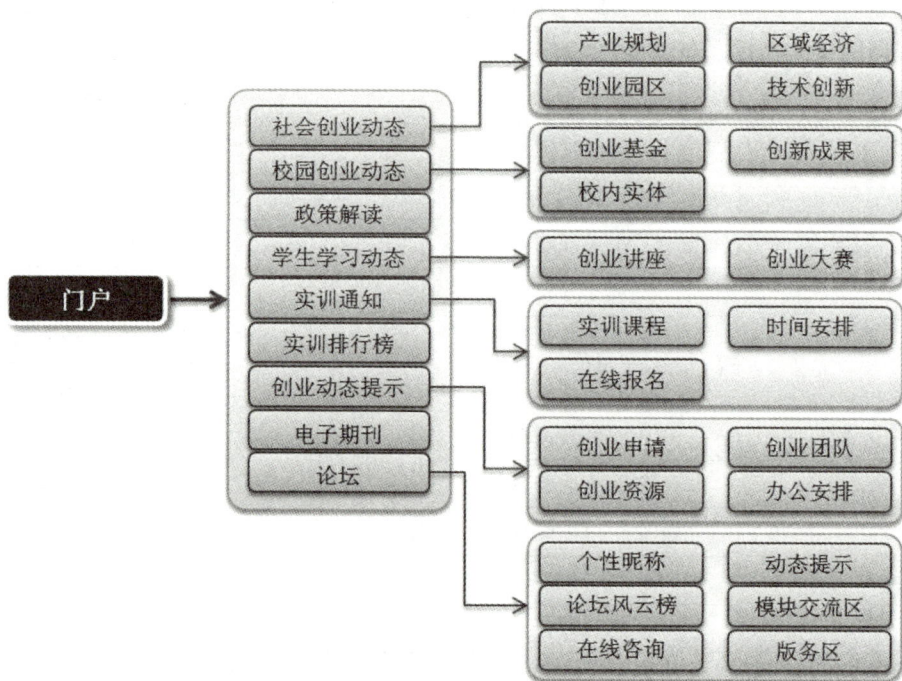

（二）创业机会模块

1. 概述

创业机会模块立足本区域的经济和社会发展，为学生提供与就业创业相关的、实时的、全方位的信息、政策和解读分析。关注社会热点和重点项目建设，实时提取和发布与创业相关的信息，挖掘现实创业机会。解读市场现状，阶段性地对区域经济进行归纳、总结和分析，提供在线查询，作为创业教育与指导的参考。通过对政策法规和经济趋势的剖析和解读，对政策、区域经济发展、产业结构调整、行业发展、技术创新、城镇建设等带来的创业机会做前瞻性判断，引导创业方向。

培养创业意识

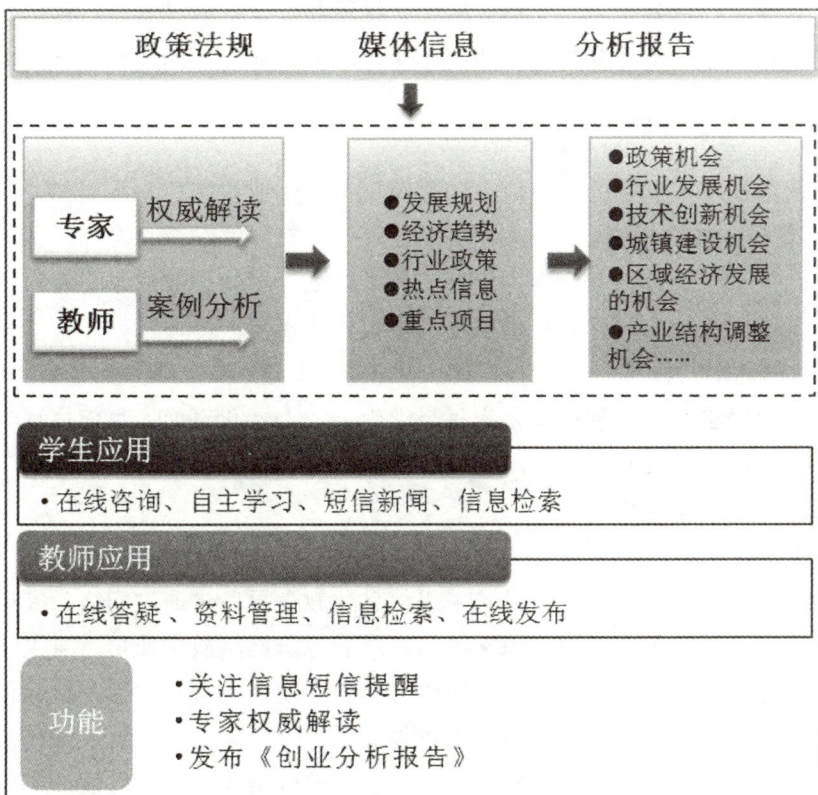

政策法规	媒体信息	分析报告

专家 权威解读	●发展规划	●政策机会
教师 案例分析	●经济趋势 ●行业政策 ●热点信息 ●重点项目	●行业发展机会 ●技术创新机会 ●城镇建设机会 ●区域经济发展的机会 ●产业结构调整机会……

学生应用
· 在线咨询、自主学习、短信新闻、信息检索

教师应用
· 在线答疑、资料管理、信息检索、在线发布

功能
·关注信息短信提醒
·专家权威解读
·发布《创业分析报告》

2. 模块功能

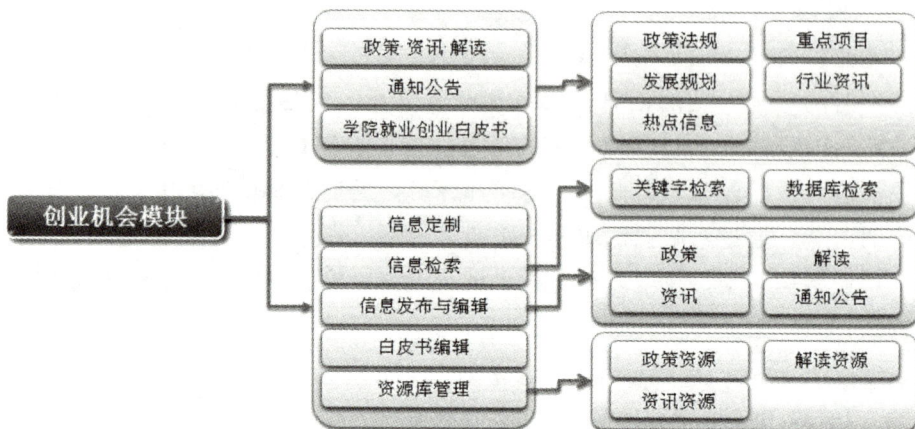

- 政策、资讯与解读

汇集国家和地方有关就业创业的最新政策和资讯，通过专家解读、在线答疑的方式，帮助学生认知社会、认知产业、认知行业、认知专业、认知职业以及认知自我。

- 通知公告

显示学校有关创业的动态信息和通知，营造创业氛围。

- 本校创业白皮书

结合资讯与解读，结合学生的训练效果，结合创新创业成果，发布本校创业白皮书，系统为"教师端"提供白皮书模板作为参考。

- 个性化界面

系统根据学生的定制设置，为每个学生生成个性化页面，页面体现学生关注信息，提供在线交互信息的动态提醒功能。

(三)学习训练模块

1. 概述

学习训练模块打破时空边界，采用信息化教学手段，通过网络与实操相结合的方式实现就业创业基础知识学习和在线训练。网络教学使学生自主掌握学习和训练时间，不受课堂的限制，同时支持大学期间的全程学习，从而使学生成为学习的主体，学习与训练的过程更加灵活与个性化。本模块改变传统的教学模式，以学生的自主学习和在线训练为主，教师组织具有针对性的小组讨论和学生互动评价。教师可以对教学资源和教学课程进行管理，在完成学习和训练后，系统为学生生成学分凭证。

学 习 创 业 知 识

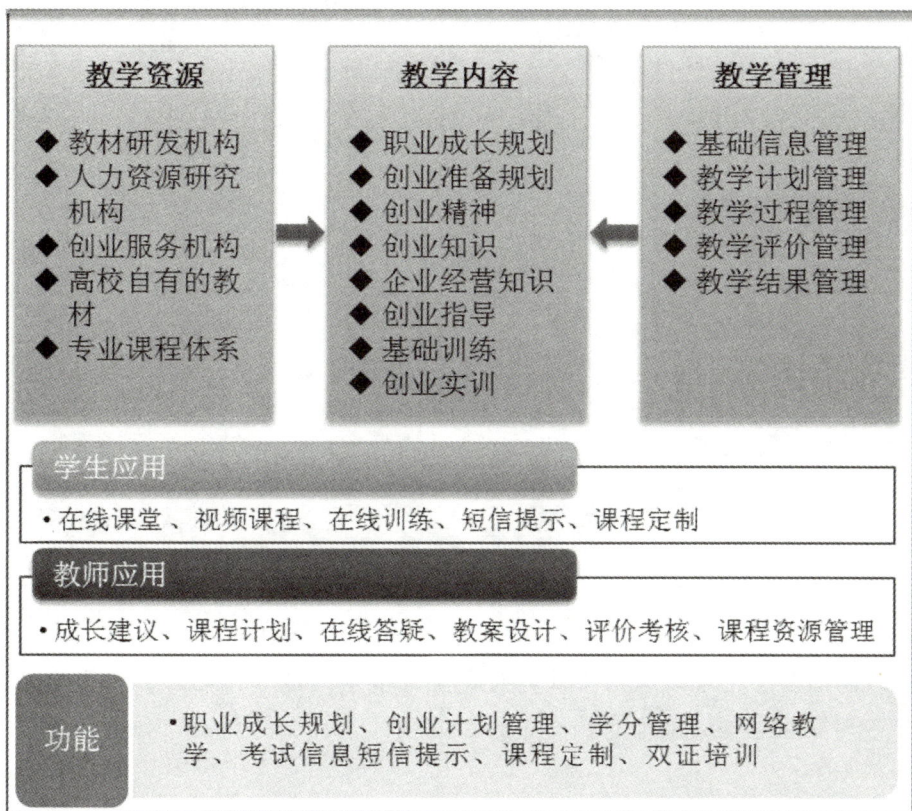

教学资源	教学内容	教学管理
◆ 教材研发机构 ◆ 人力资源研究机构 ◆ 创业服务机构 ◆ 高校自有的教材 ◆ 专业课程体系	◆ 职业成长规划 ◆ 创业准备规划 ◆ 创业精神 ◆ 创业知识 ◆ 企业经营知识 ◆ 创业指导 ◆ 基础训练 ◆ 创业实训	◆ 基础信息管理 ◆ 教学计划管理 ◆ 教学过程管理 ◆ 教学评价管理 ◆ 教学结果管理

学生应用

• 在线课堂、视频课程、在线训练、短信提示、课程定制

教师应用

• 成长建议、课程计划、在线答疑、教案设计、评价考核、课程资源管理

功能

• 职业成长规划、创业计划管理、学分管理、网络教学、考试信息短信提示、课程定制、双证培训

2. 模块功能

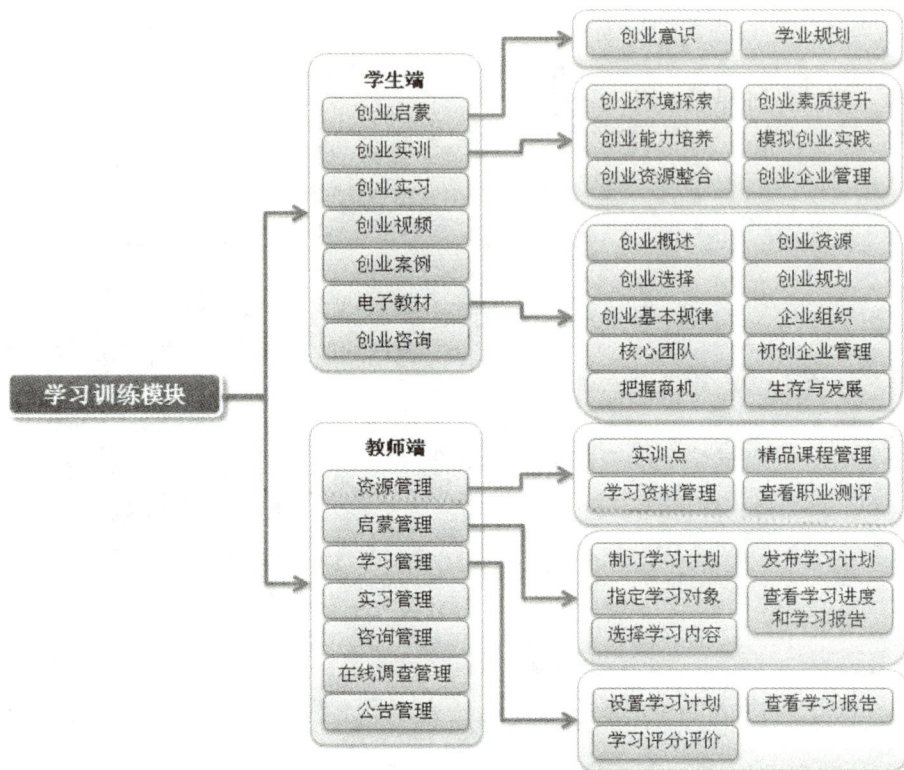

• 学习管理

以网上学习记录跟踪的方式，对每位大学生的课程学习、实习实训、测评、咨询等进度与结果都有档案记录，方便学生和老师查看、浏览、管理与评价。

• 课程管理

采用"微课程"技术手段和学习模式，将《创业基础》及其有关内容编辑为视频微课程，每个内容的学习在 15 分钟左右；同时发布创业教育的电子教材和参考资料，使学生能够随时进行自我学习，深化与拓展了学习内容和学习方法。内容涵盖创业认知，创业环境，创业规律，创业精神，创业素质与能力，创业过程，创业项目，创业计划，创业风险，创业企业管理概述等教学知识点。模块实现课程的类别、课程信息和课程内容的增、删、改等管理。

- 学分管理

模块根据学生学习和训练的完成情况自动判断是否完成所有要求内容的学习，完成者可以浏览并打印结业证书。

(四)模拟实训模块

1. 概述

本模块模拟大学生创业的校园背景、社会背景、企业背景和创业背景，通过推演的形式，动态地还原了大学生在高校各类专业教育的基础上，通过多种实践活动完善与提升自身创业知识、能力素质、人脉资源和创业资金，通过创业以及职业发展的常规行为，使学生在训练中体悟创业的精髓，锻炼学生的综合能力素质，促进学生将创业知识应用于实践，最终有助于实际创业的成功。

本模块根据院校的学科设置，提供基于不同行业的数据包，锻炼学生基于专业的创业能力，培养学生的创业观念。

模 拟 创 业 活 动

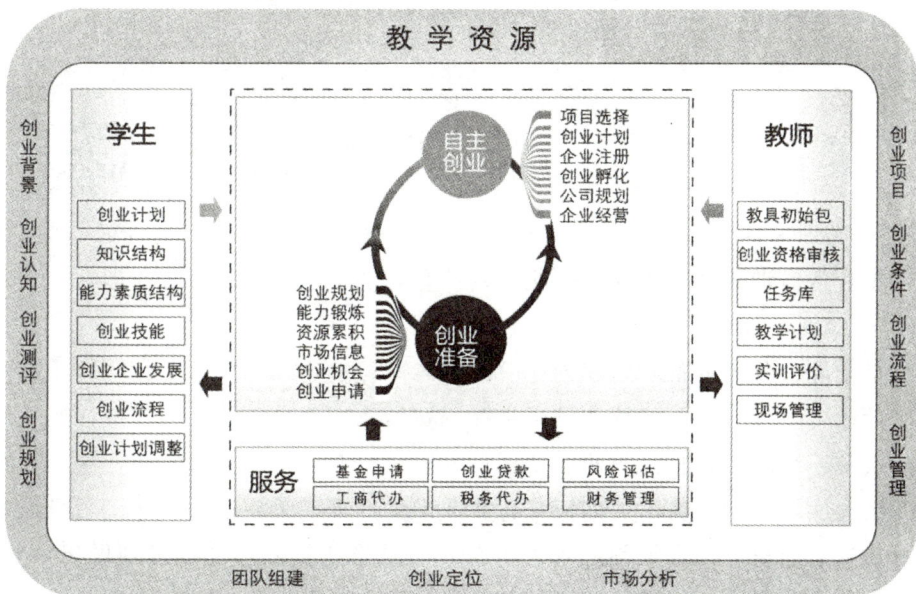

2. 模块功能

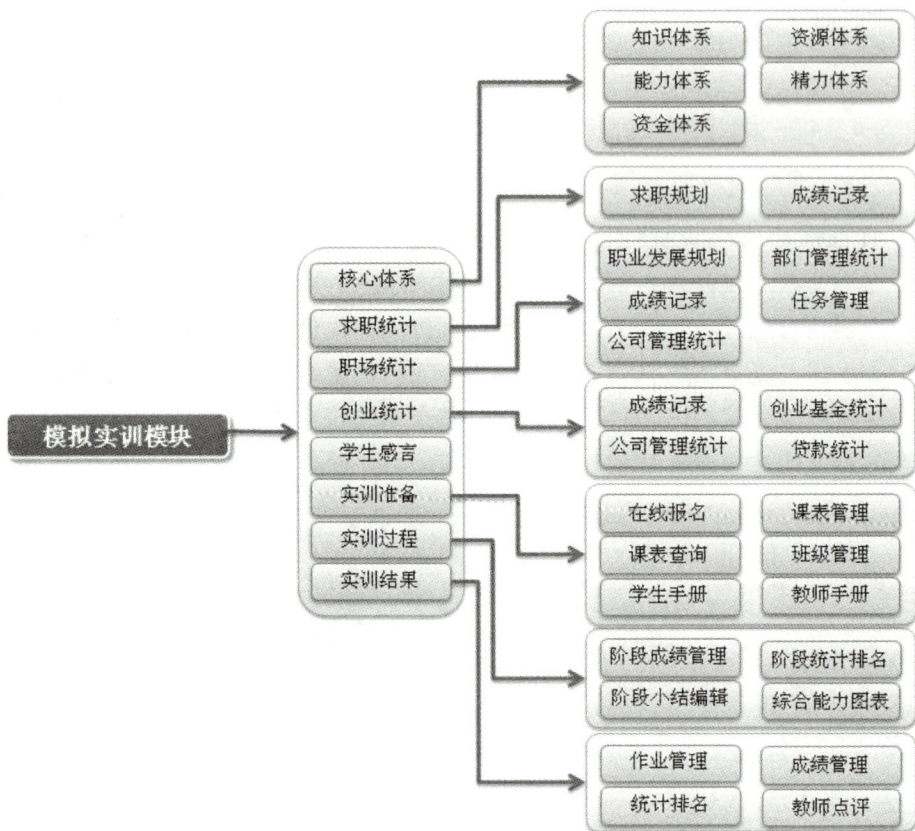

- 实训内容

创业素质训练沙盘实训、创业经营沙盘实训、职场竞争沙盘实训。

- 实训过程

整个课程分为准备阶段和创业阶段，各阶段的训练目标不尽相同，不管在哪个阶段，实训者都要经营自己所掌握的资源，培养自己的能力，进而创造更多的资源，最终实现自己的职业梦想。

经过实训，学生将了解如何进行创业准备、养成关注市场动态的习惯，把握身边的创业机会、训练创业规划方法、根据形势发展对创业规划做出调整、认知创业必备条件、了解创业准备与发展过程、磨炼创业者综合素质，进而开展有目标的学习，完善与提升创业素质与能力，实现自己的创业目标。

(五)创业测评模块

1. 概述

模块通过在线测评和实训测评得出学生的创业能力测评结果，结合教学监控记录和知识考核结果，对学生的创业学习和训练效果进行评价，评价结果可作为教师审批创业课程学分的依据。

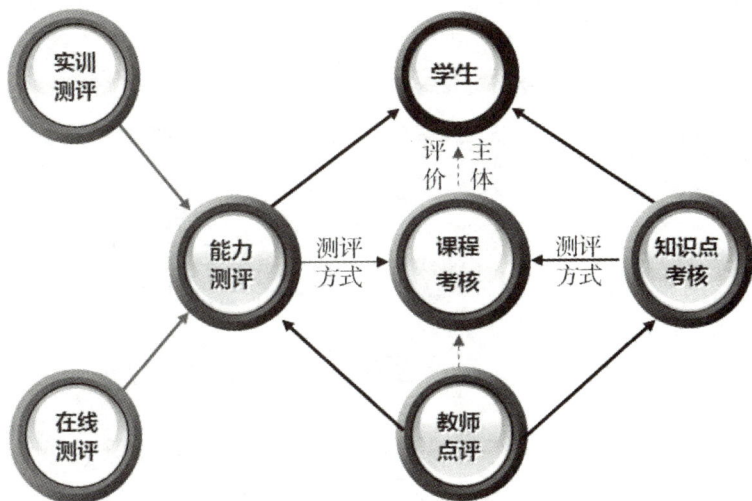

2. 在线测评

(1)测评内容

学生通过在线的方式自主进行测评，获得测评结果，从而更好地认知自我，为个人成长规划以及创业能力锻炼奠定基础。

(2)测评要点

三项创业能力测评：创业基本素质评估、创造力水平评估、创业潜力测评。

四项就业能力测评：职业锚/价值观测评、性格特征性向测评、霍兰德职业性向测评、职业生涯成熟度评估。

3. 实训测评

(1)测评内容

通过数据采集、行为分析、现场观测、成绩总结、专家诊断的方法，对学生的实训过程与实训结果进行分析，给出学生的创业能力素质评价。

（2）测评要点

应用美国 SCANS 标准，将与职业发展有关的三十五项工作能力划归为五大类：管理能力、理解与交流能力、科学思维能力、应用分析能力和动手能力。

（六）大赛管理模块

创业大赛旨在全面加强大学生的创业意识、提升大学生的创业能力，是学校进行创业教育常见的活动组织方式。本模块提供创业模拟大赛、创业规划大赛、创业计划书大赛等活动的管理，支持学生查阅比赛规则、在线报名、在线提交作品；支持指导教师发布比赛信息，制订时间安排，设定比赛规则和内容，收集参赛学生的个人信息、参赛作品等，简化了活动的组织管理工作。

- 信息发布

指导教师在线发布比赛通知、比赛主体和规则以及时间安排。

- 资格审查

浏览报名学生的个人信息以及创业基础课程的学习情况，对学生的参赛资格进行审查。

- 方案提交

参赛学生在线提交参赛作品。模块支持 Word、PPT、PDF 等格式文件的上传。

- 方案评估

支持大赛评委在线查阅学生的参赛作品并进行评估，支持校内学生为参赛作品投票。

(七)创新管理模块

1. 概述

创新管理模块主要作用是引导学生的创新意识，将社会上的创新观点、想法与需求引进校内，学生通过案例分析、在线讨论等方法，主动参与到各项创新活动中。并在专家、教师、企业的辅导下通过创新孵化，推动创新成果的产生、成果的应用与设立创新型企业。创新成功的团队信息将提供给创业管理的教师，用于创业资金的优先申请。

本模块对学生在创新实践过程中各环节进行管理并提供服务，包括创新诱导、创新项目立项、资源的申请、团队组建、经费申请、在线企业管理的整个过程，每个环节均有学生参与互动，通过社会资源整合营造真实环境下的创新氛围。

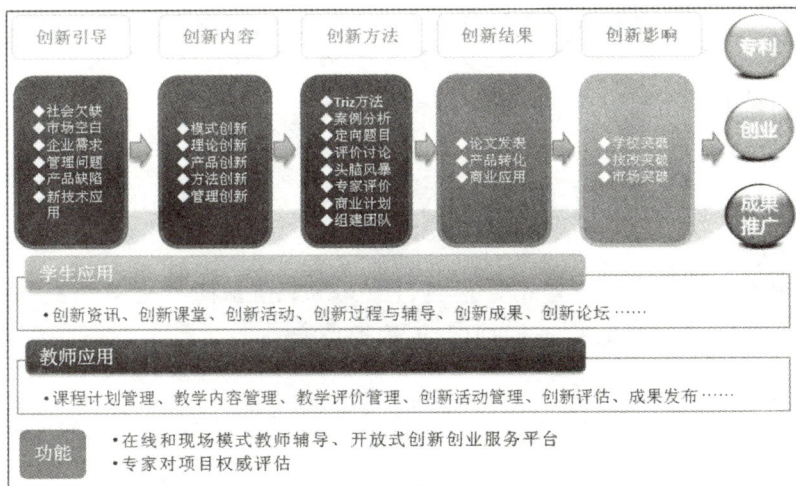

推动校园创新

2. 模块功能

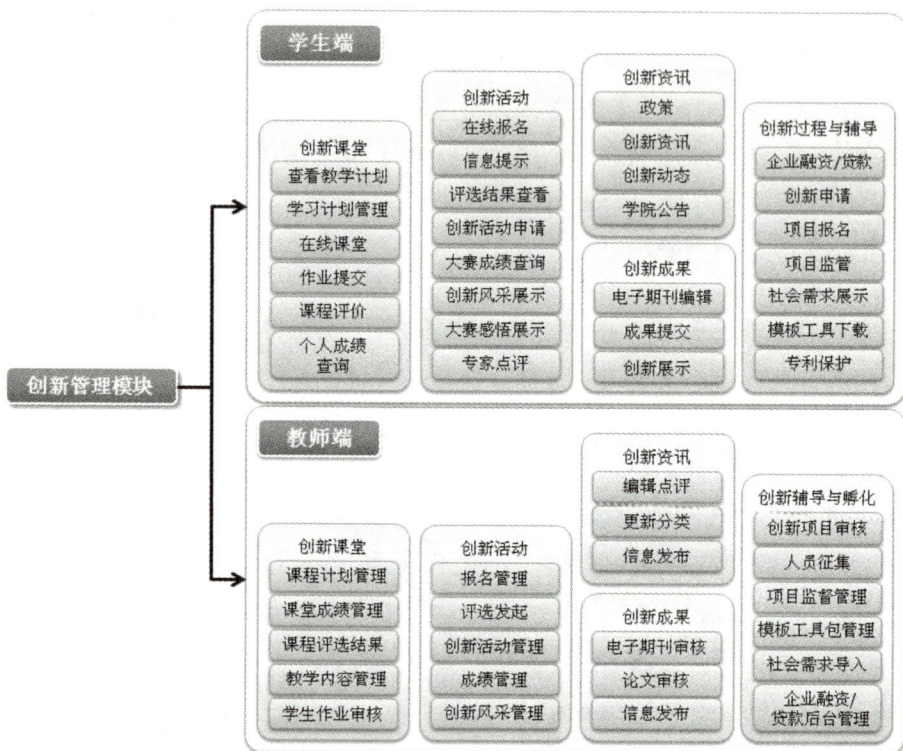

- 创新资讯

学生学习了解创新方面政策与资讯，充分了解当下创新环境与创新方向。

- 创新活动

对创新大赛和校园创新的申办进行过程管理。

- 创新课堂

在线阅读、在线视频观看、教材（讲义）下载，学生提交学习体会、报告。

- 创新辅导

为学生提供创新项目申请、报名、工具下载等服务；为教师提供项目审核、项目监督、人员管理、过程监管等管理功能。

- 创新成果

以论文、案例、工作报告、电子期刊、图片等形式展示，营造创新氛围。

(八)创业管理模块

1. 概述

创业管理模块以创业辅导、创业资源申请与管理、创业企业办公管理以及成果展示为应用方向，以信息化为手段，提供集创业资讯、创业讲堂、创业企业在线管理、创业成果、创业论坛为一体的在线综合服务。模块通过引导创业项目、在线组织专家、教师对项目进行系统评估，提供创业所需的资源和帮助。学生端具有在线申请创业办公场地、办公设备和资源帮助等功能。教师端通过管理软件对创业企业进行管理和监督，为创业学生在线安排场地、办公时间以及协调资源。

创业辅导孵化

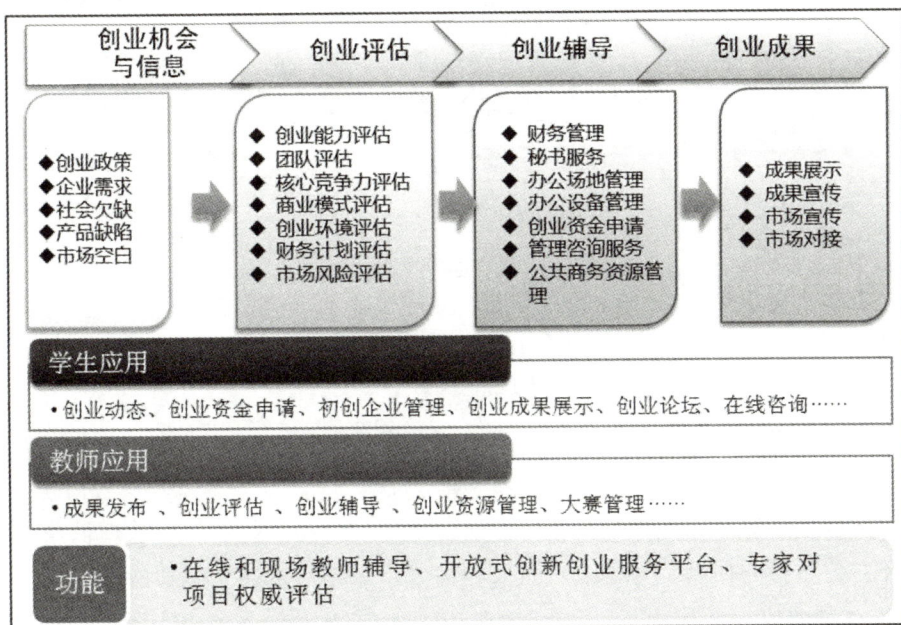

2. 模块功能

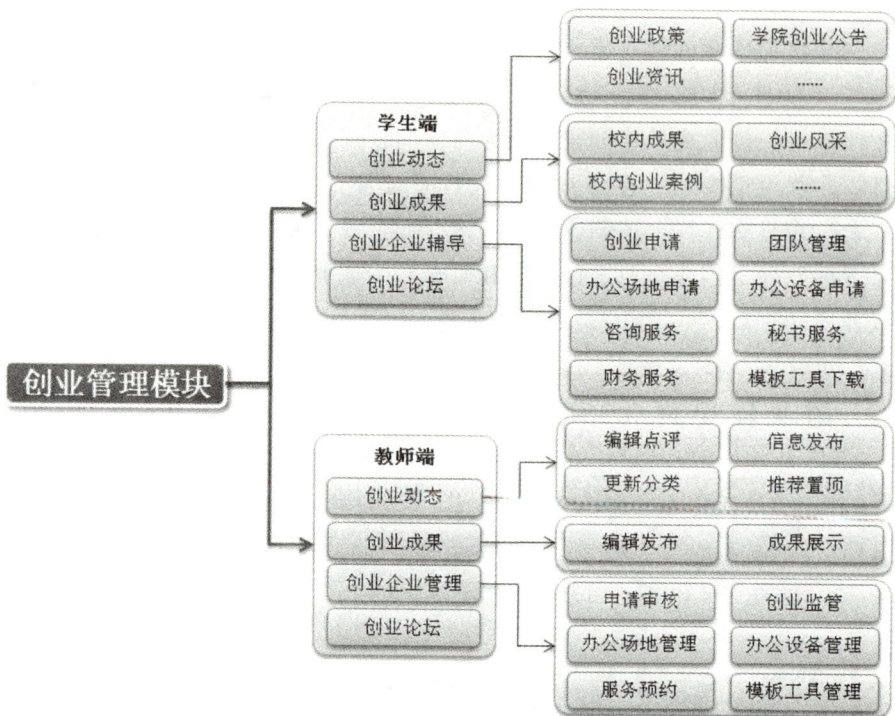

• 创业动态

为学生提供创业相关政策和资讯，支持教师进行信息发布、编辑点评、更新创业信息等功能。

• 创业辅导与管理

支持学生申请创业项目、组建创业团队、申请创业办公场地、办公设备以及办公相关服务。

支持教师进行创业项目的审核、对学生创业活动进行监管、管理创业办公室及办公器材的使用、对创业项目及相关信息进行编辑发布等功能。

• 创业成果

支持教师进行创业案例和创业者风采的编辑、上传和管理。

(九)创业实践模块

1. 概述

创业实践模块为学生提供创业信息、创业项目、创业资源撮合等服务，挖掘社会需求与学生的专业对接、创业方向对接，为学生提供丰富的创业实践机会和项目，组织大学生进行创业实践，促进创业团队的团结协作，加强学生与社会的联系，促使其锻炼创业所需的沟通协调等能力。模块应用互联网技术、资源运营和匹配技术，整合社会各类资源，如：工商税务代办、财务管理、贷款服务、管理咨询等，与大学生的创业企业对接。从而使学生在实际创业孵化的过程中释放创业激情，强化广泛的创新兴趣，帮助学生克服自卑与胆怯、从众与保守，使大学生形成正确的创业观念，满足社会人才需求。

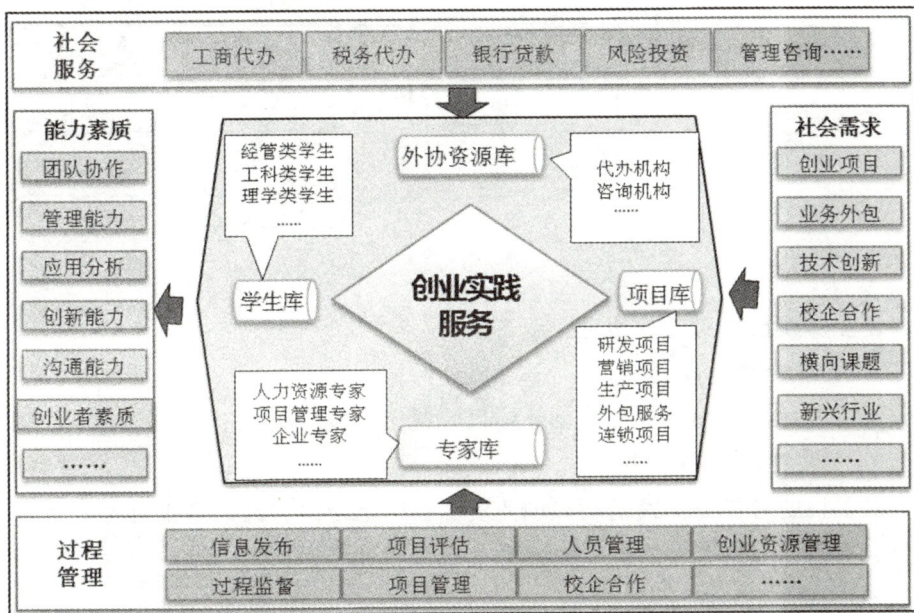

2. 模块功能

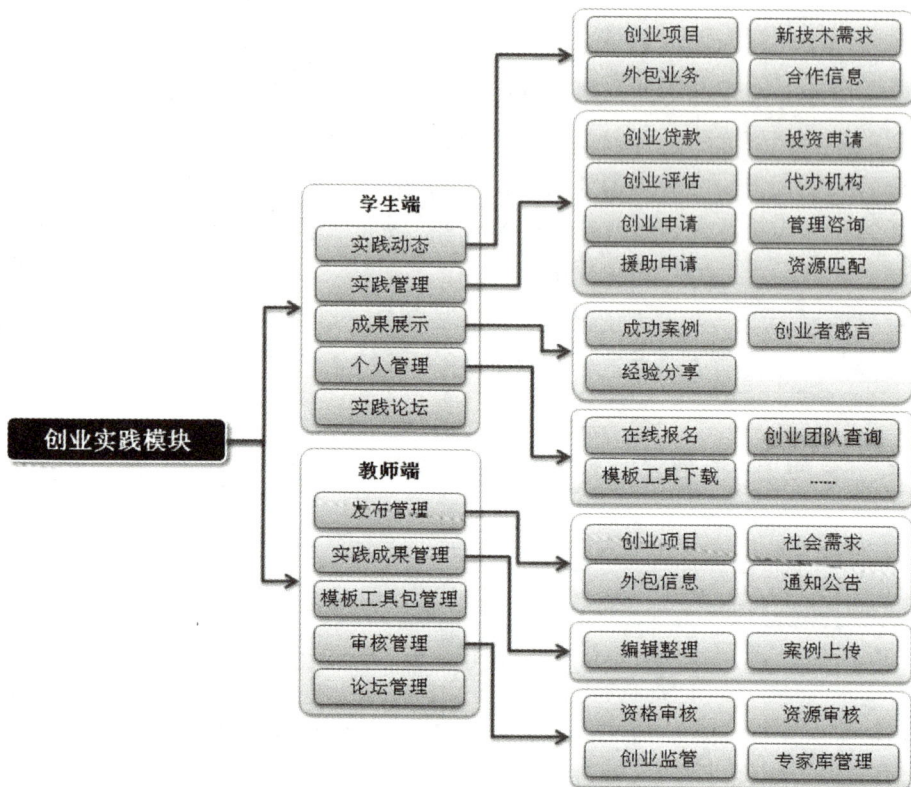

• 实践动态

创业实践模块对外的信息公示窗口。

• 发布管理

支持教师发布创业机会、创业项目等通知公告。

• 实践管理

对学校的各创业实践活动和创业资源在网上予以公开，学生可查看各创业项目、申请创业资源及服务、查询系统撮合匹配结果。

• 成果展示

将创业实践的阶段性成果、典型案例、创业经验等进行展示。

• 个人管理

支持学生在线报名、在线查询和下载模板工具。

七、教学管理

教学平台为学校提供创新的教学理念、教学方法和教学工具，采用信息化手段实现集教学设计、教学组织、教学实施、评价考核、资源管理等于一体的教学管理功能，贯穿了创业教学的全过程，实现了创业教育的教学与训练一体化、训练与评价一体化、教学管理与创业服务一体化，从而保证教学效果，推动创业课程建设、实施和创业管理工作的落实。

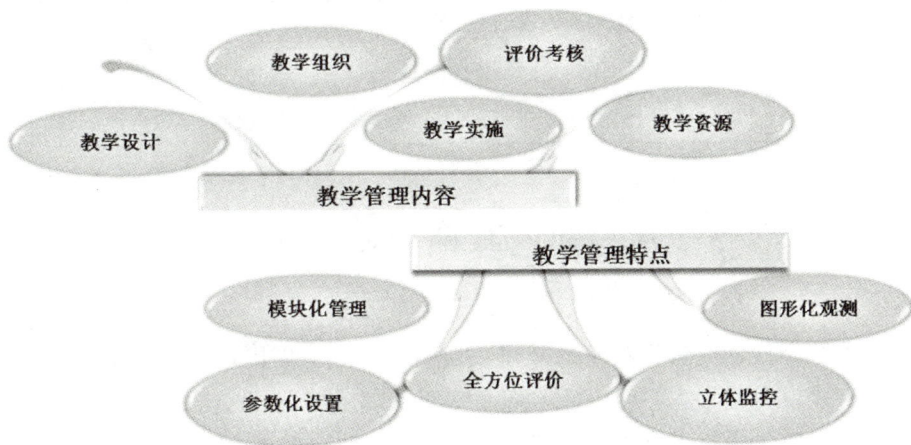

教学设计	课程设计	根据学校教学计划,进行课程安排
	内容设计	根据学校的专业设置,应用不同的专业数据作为模拟训练和仿真实训的数据包
	任务设计	根据学校的专业特色和教学需求,设定学生的学习训练任务
	学分设计	根据教学体系、课程安排灵活设置各环节学分及学分认定标准
教学组织	组织形式	支持多班、多组同时开展创业课程,支持在线报名与班级划分
	组织特点	线上互动与线下互动相结合,自主学习与集中训练相结合
	组织分类	情景式、探究式、博弈式、互动式、角色扮演式等多为教学方式

教学实施	教学监控	通过自动记录和学生在线提交阶段小结的方式,全程记录学生的学习训练状况,方便指导教师及时查看
	进度控制	根据学校的教学计划和学生的学习训练情况,调整教学进度
	难度调节	教师可通过训练点设置、动态参数调整等方式调节训练难度
	任务触发	通过发布临时任务,调整学生的训练节奏,提高训练饱和度
	答疑交流	指导教师可与学生进行线上线下的沟通交流,为学生答疑解难
评价考核	管理内容	学分标准、课程考核、结果测评
	课程考核	过程考核与结果考核相结合,知识性考核与能力测评相结合
	考核方式	知识考核、能力测评、课程考勤、成果评价
教学资源	资源整合	资源上传、资源共享、资源下载
	资源库	媒体素材、课件资源、精品课程、教学文件、训练软件、评价资源、题库

八、创业基地建设说明

为提升高校创业教育教学的效果,营造校园创业氛围,促进大学生创业成果生成,建议高校根据自身需求和条件,建设适合本校学生的创业基地。我方将应学校的要求提供场地部署及教学环境规划、配套设施设备参考方案、展厅(内容、参观路线、展具、展台)规划设计、实景沙盘设计、现场施工指导、现场验收指导等基地建设规划服务。

(一)创业基地场地规划示例

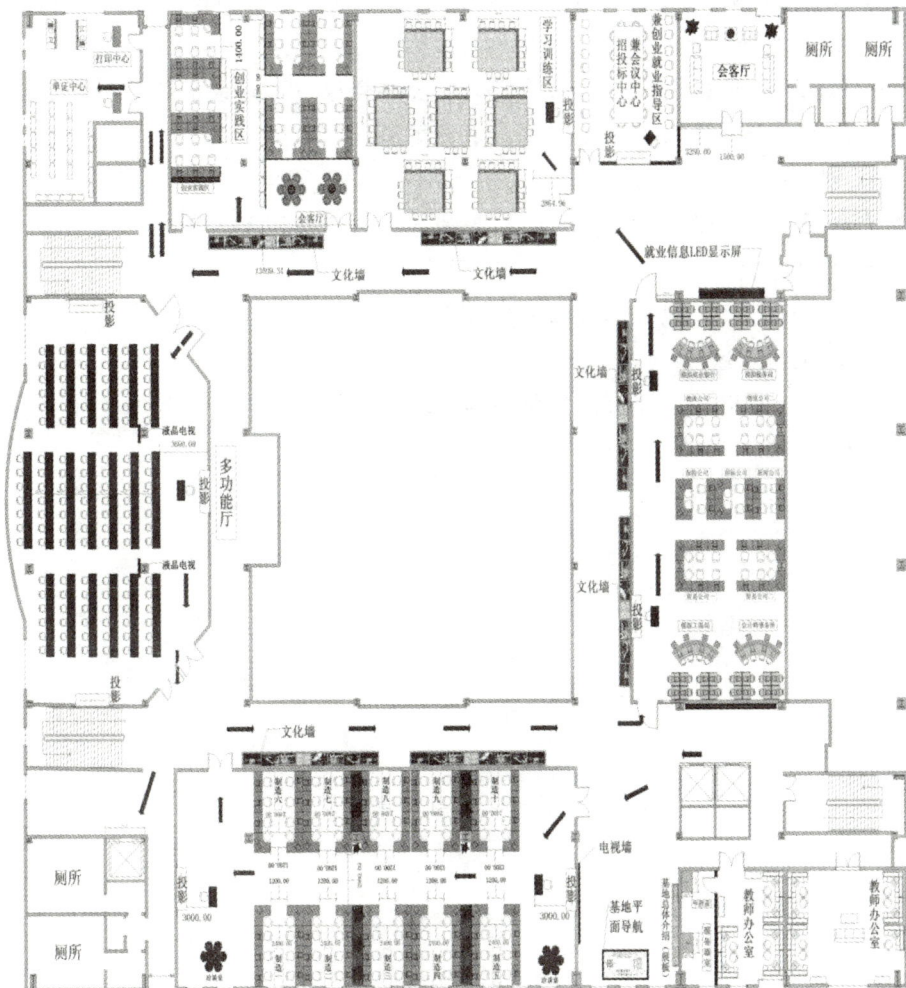

(二)创业基地场地说明

创业基地场地通常由以下部分构成:

• 监控导航区

现场监控以及全局参观介绍场地,具有显示屏,建议面积不少于 30 平方米。

- 模拟实训场地

模拟实训为 40 人/班次，通常要求有专门的教师，一般面积不少于 80 平方米。

- 创业实践场地

通常包括企业办公区、公共洽谈区、公共会议室，建议面积不少于 200 平方米。其中，公共会议室可兼做创业指导场地。

- 创业指导场地

主要用于创业学生和毕业生咨询、辅导，建议面积不少于 30 平方米。

- 教师办公室

用于教师办公，视具体教师人数确定。

- 成果展示区

学校创业成果展示，可以是单独的区域，也可以利用走廊的墙壁放置展板和展示柜作为文化墙。